단계별로 실력을 키워가는

うきうき
우 키 우 키
일본어

중급회화

단계별로 실력을 키워 가는
new 우키우키 일본어 중급회화

지은이 나가하라 나리카츠
펴낸이 임상진
펴낸곳 (주)넥서스

초판 1쇄 발행 2006년 8월 25일
초판 25쇄 발행 2015년 11월 10일

2판 1쇄 발행 2016년 3월 30일
2판 16쇄 발행 2024년 10월 1일

출판신고 1992년 4월 3일 제311-2002-2호
주소 10880 경기도 파주시 지목로 5
전화 (02)330-5500 팩스 (02)330-5555

ISBN 979-11-5752-714-4 13730

www.nexusbook.com

단계별로 실력을 키워가는

NEW うきうき 일본어 중급회화

우 키 우 키

나가하라 나리카츠 지음

넥서스 JAPANESE

추천의 글

うきうき にほんご

이 책은 기초 문법 과정으로 시작한 『우키우키 시리즈』의 완결편이라 할 수 있다. 『우키우키 시리즈』로 일본어를 시작하여 초급회화 편까지 5단계의 공부를 한 학습자라면, 이 중급회화 편을 끝으로 어디서든 능숙한 일본어를 구사할 수 있으리라 확신하는 바이다.

흔히 국내 일본어 학습자들은 기초 단계에서는 왕성한 의욕을 보이지만 기초 회화 과정을 이수한 다음부터는 중 · 고급 과정을 포기하는 경우가 많다. 그래서 일본어 학습자 수에 비해 실제로 우수한 일본어 실력을 갖춘 사람을 만나기 힘든 것도 그러한 이유에서일 것이다. 이는 일본어 학습자들의 의욕 문제도 있겠지만 일본어 강의와 학습서의 문제도 있다고 할 수 있다. 기초 관련 학습서는 수없이 많은데 비해 중 · 고급 수준의 회화를 재미있게 배울 수 있는 학습서가 그리 많지 않은 것도 이유 중의 하나일 것이다. 그래서 많은 학습자들이 기초 회화 과정 이후에는 여러 자격 시험을 위한 문법 공부에만 치중하는 경우가 많았다.

그러나 이 책은 이러한 문제들을 해결할 수 있는 실마리를 제공해 주는 고마운 책이다. 저자는 10여 년간의 풍부한 중급회화 강의 경험을 토대로, 일상생활에 관련된 어휘와 표현, 한자에 이르기까지 중 · 고급 회화에 필요한 모든 것을 아주 친절하게 제시해 주었다. 무엇보다 이 책에서 다루고 있는 회화문이나 문법과 어휘, 표현은 모두 일상생활에서 정말 자주 쓰이는 핵심적인 것만을 엄선한 것이라 할 수 있다. 따라서 이 책을 통해 중급회화 과정을 공부하는 학습자들은 어휘 따로 문법 따로 공부할 필요 없이 이 책 하나로 중 · 고급 수준의 회화에 필요한 일본어 실력을 갖출 수 있을 것이다.

아무쪼록 『우키우키 시리즈』로 일본어를 시작한 모든 분들이 기초 실력에 머무르지 않고 이 책으로 자신의 일본어 실력을 한껏 향상시키길 진심으로 바라며, 『우키우키 시리즈』의 완결편으로서 이 책을 훌륭하게 저술해 주신 나가하라 선생님께 깊이 감사드린다. 아울러 이 책을 통해 일본어의 중 · 고급 과정을 탄탄히 소화해 나갈 여러 학습자들에게 진심으로 아낌없는 격려를 보낸다.

강경자

첫 머 리 에

うきうき にほんご

한국인에게 있어서 일본어라는 언어는 배우기 쉬운 언어로 인식되어 왔던 반면에, 배울수록 어렵다고 생각하는 학습자가 많은 것이 사실입니다. 특히 한국어와 일본어가 너무 유사한 언어인 만큼 거기서 생기는, 코패니즈라 불리는 잘못된 일본어를 쓰게 될 가능성도 높습니다. 이 교재는 그러한 부분을 집중적으로 다루고, 보다 자연스런 일본어를 구사할 수 있도록 구성한 책입니다.

일본인 강사의 초급회화 단계를 거쳤다고 해도 유창하게 할 수 있는 것은 아닙니다. 이제 중급 단계에 올라가서 보다 수준 높은 표현이나 단어, 그리고 문법을 종합적으로 배울 필요가 있습니다. 어떤 회화책은 회화만 유도하게끔 만들어진 책도 있고, 어떤 문법책은 문법만 다루기 때문에 회화에 활용하기가 힘든 경우가 있습니다. 그런 기존 책들의 약점을 개선하여 문법과 회화를 동시에 배울 수 있도록 구성하고, 또한 회화를 배우면서 일본어능력시험을 대비하는 학습자를 위해 일본어능력시험 2급 이상에 초점을 맞춰 문법이나 단어가 실려 있는 것이 이 교재의 특징입니다. 또한 다른 책에 비해 보다 생생한 표현들을 실음으로써 살아 있는 일본어를 배울 수 있으며, 주제와 관련된 관련어구나 학습자들이 가장 어려워하는 한자까지도 효율적으로 배울 수 있도록 하였습니다.

회화를 잘하려면 결국 얼마나 많은 어휘를 외우느냐가 가장 중요한 문제라고 할 수 있습니다. 하지만 외운 단어를 적시에 어떻게 사용해 나가느냐가 회화에 있어서는 더 중요한 문제라고 할 수 있습니다. 이는 운전으로 비유하자면, 아무리 이론적으로 운전하는 방법을 배웠다 하더라도 실제로 운전 연습을 하지 않으면 운전이 늘지 않는 것과 마찬가지입니다.

일본어 학습자들의 이야기를 들어 보면 많은 학습자가 초급 단계에서 포기하는 경우가 많다고 합니다. 하지만 이제부터는 용기를 내어 중급 단계에 들어가서 보다 적극적인 자세로 여러분의 일본어 실력을 향상시켰으면 하고, 이 교재가 그 역할의 일부를 했으면 하는 바람입니다.

나가하라 나리카츠

うきうき にほんご

구성과 특징

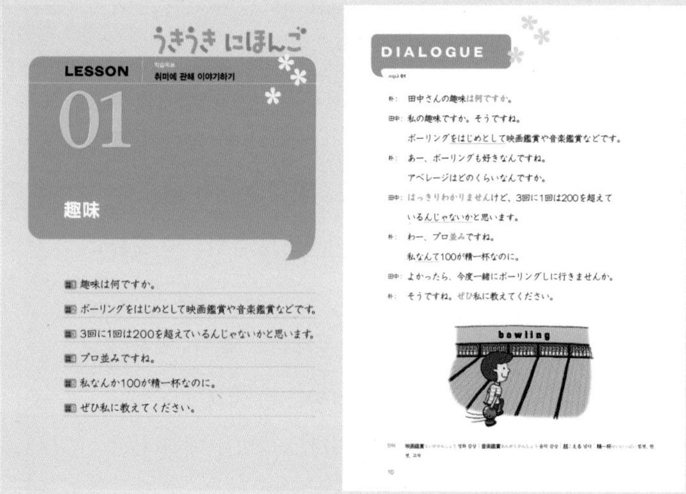
うきうき にほんご

LESSON 01

학습목표 취미에 관해 이야기하기

趣味

趣味は何ですか。

ボーリングをはじめとして映画鑑賞や音楽鑑賞などです。

3回に1回は200を超えているんじゃないかと思います。

プロ並みですね。

私なんか100が精一杯なのに。

ぜひ私に教えてください。

DIALOGUE

朴: 田中さんの趣味は何ですか。

田中: 私の趣味ですか。そうですね。
ボーリングをはじめとして映画鑑賞や音楽鑑賞などです。

朴: あー、ボーリングも好きなんですね。
アベレージはどのくらいなんですか。

田中: はっきりわかりませんけど、3回に1回は200を超えて
いるんじゃないかと思います。

朴: わー、プロ並みですね。
私なんて100が精一杯なのに。

田中: よかったら、今度一緒にボーリングしに行きませんか。

朴: そうですね。ぜひ私に教えてください。

10

주요 문형

주제별 회화에 대해 간략하게 소개하면서 각 과에서 다루게 될 주제와 중요 표현이나 기초 문법들을 제시하였습니다.

DIALOGUE

1과~10과는 존댓말인 공손체 표현으로, 11과~20과는 반말 표현으로 구성되어 있기 때문에 존댓말과 반말을 모두 유창하게 말할 수 있습니다.

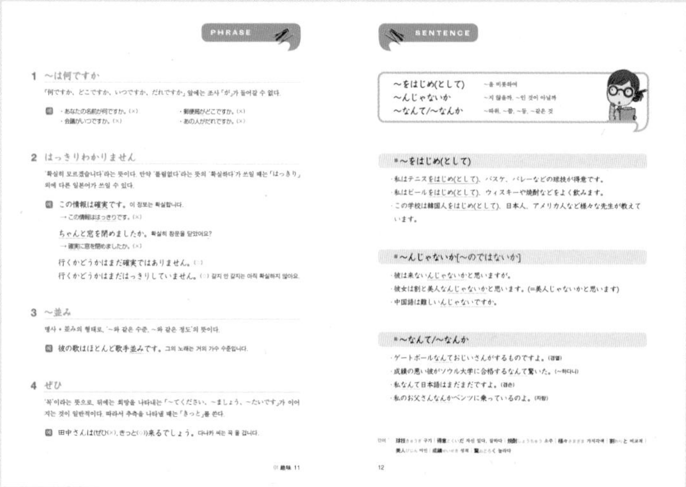
PHRASE

1 ~は何ですか

2 はっきりわかりません

3 ~並み

4 ぜひ

SENTENCE

~をはじめ(として)

~んじゃないか

~なんて/~なんか

12

PHRASE

회화문에 사용된 표현을 학습하는 코너입니다. 유창한 회화를 위해 꼭 알아두어야 할 구문을 클로즈업시켜, 보다 깊고 세련된 일본어로 향상시킬 수 있도록 설명하였습니다.

SENTENCE

생생한 회화체 예문을 통해 회화에 필요한 문법을 공부합니다. 일본어능력시험 2급 수준의 문법 사항을 실었습니다.

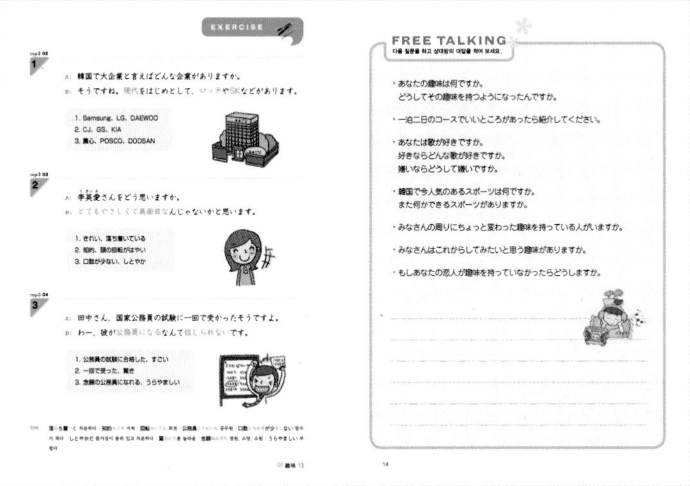

EXERCISE

SENTENCE에 나온 표현을 다양하게 활용하여 연습해 봅니다. 어떤 상황에서 어떻게 말을 하는지 회화 연습을 하는 코너입니다.

FREE TALKING

문형이나 관련 어구에 나온 표현을 이용하여 자유롭게 이야기해 봅니다. 질문에 따라 각자 대답하는 항목과 전체적으로 토론하는 항목으로 구성되어 있습니다.

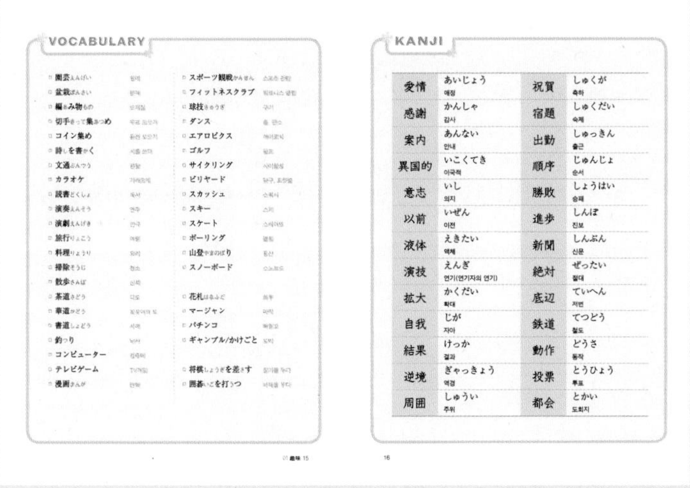

VOCABULARY

주제에 관련된 표현이나 어휘를 배웁니다. 여기에 나오는 어휘를 사용하여 프리 토킹을 하면 더욱 효과적입니다.

KANJI

일본 초등학교 6학년까지 과정에서 꼭 알아두어야 할 핵심 한자를 뽑아서 수록하였습니다.

차 례

LESSON 01

학습목표
취미에 관해 이야기하기

趣味

주요문형 1 趣味は何ですか。

주요문형 2 ボーリングをはじめとして映画鑑賞や音楽鑑賞などです。

주요문형 3 3回に1回は200を超えているんじゃないかと思います。

주요문형 4 プロ並みですね。

주요문형 5 私なんか100が精一杯なのに。

주요문형 6 ぜひ私に教えてください。

DIALOGUE

mp3 01

朴： 田中さんの趣味は何ですか。

田中： 私の趣味ですか。そうですね。

ボーリングをはじめとして映画鑑賞や音楽鑑賞などです。

朴： あー、ボーリングも好きなんですね。

アベレージはどのくらいなんですか。

田中： はっきりわかりませんけど、3回に1回は200を超えているんじゃないかと思います。

朴： わー、プロ並みですね。

私なんて100が精一杯なのに。

田中： よかったら、今度一緒にボーリングしに行きませんか。

朴： そうですね。ぜひ私に教えてください。

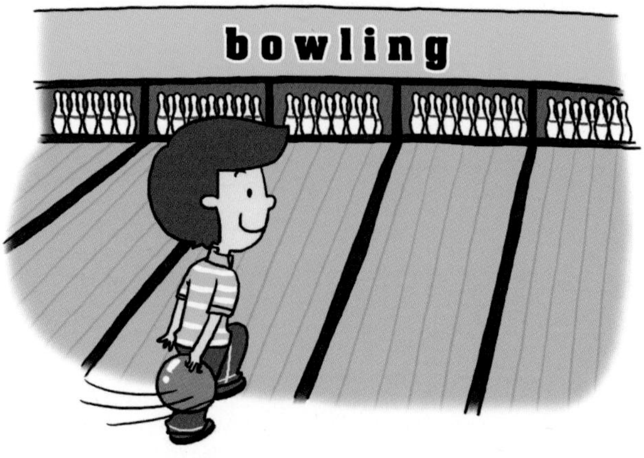

단어　**映画鑑賞**えいがかんしょう 영화 감상 | **音楽鑑賞**おんがくかんしょう 음악 감상 | **超**こ**える** 넘다 | **精一杯**せいいっぱい 힘껏, 한껏, 고작

PHRASE

1 ～は何ですか

「何ですか、どこですか、いつですか、だれですか」 앞에는 조사 「が」가 들어갈 수 없다.

예
- あなたの名前が何ですか。(×)
- 会議がいつですか。(×)
- 郵便局がどこですか。(×)
- あの人がだれですか。(×)

2 はっきりわかりません

'확실히 모르겠습니다'라는 뜻이다. 만약 '틀림없다'라는 뜻의 '확실하다'가 쓰일 때는 「はっきり」 외에 다른 일본어가 쓰일 수 있다.

예 この情報は確実です。 이 정보는 확실합니다.

→ この情報ははっきりです。(×)

ちゃんと窓を閉めましたか。 확실히 창문을 닫았어요?

→ 確実に窓を閉めましたか。(×)

行くかどうかはまだ確実ではありません。(○)

行くかどうかはまだはっきりしていません。(○) 갈지 안 갈지는 아직 확실하지 않아요.

3 ～並み

「명사 + 並み」의 형태로, '~와 같은 수준, ~와 같은 정도'의 뜻이다.

예 彼の歌はほとんど歌手並みです。 그의 노래는 거의 가수 수준입니다.

4 ぜひ

'꼭'이라는 뜻으로, 뒤에는 희망을 나타내는 「～てください、～ましょう、～たいです」가 이어지는 것이 일반적이다. 따라서 추측을 나타낼 때는 「きっと」를 쓴다.

예 田中さんは(ぜひ(×), きっと(○))来るでしょう。 다나카 씨는 꼭 올 겁니다.

SENTENCE

～をはじめ(として)	～을 비롯하여
～んじゃないか	～지 않을까, ～인 것이 아닐까
～なんて/～なんか	～따위, ～쯤, ～등, ～같은 것

■ ～をはじめ(として)

· 私はテニスをはじめ(として)、バスケ、バレーなどの球技が得意です。
· 私はビールをはじめ(として)、ウィスキーや焼酎などをよく飲みます。
· この学校は韓国人をはじめ(として)、日本人、アメリカ人など様々な先生が教えています。

■ ～んじゃないか[～のではないか]

· 彼は来ないんじゃないかと思いますが。
· 彼女は割と美人なんじゃないかと思います。(=美人じゃないかと思います)
· 中国語は難しいんじゃないですか。

■ ～なんて/～なんか

· ゲートボールなんておじいさんがするものですよ。(경멸)
· 成績の悪い彼がソウル大学に合格するなんて驚いた。(～하다니)
· 私なんて日本語はまだまだですよ。(겸손)
· 私のお父さんなんかベンツに乗っているのよ。(자랑)

단어　球技きゅうぎ 구기 | 得意とくいだ 자신 있다, 잘하다 | 焼酎しょうちゅう 소주 | 様々さまざま 가지각색 | 割わりと 비교적 | 美人びじん 미인 | 成績せいせき 성적 | 驚おどろく 놀라다

mp3 02

1

A: 韓国で大企業と言えばどんな企業がありますか。

B: そうですね。現代をはじめとして、ロッテやSKなどがあります。

1. Samsung、LG、DAEWOO
2. CJ、GS、KIA
3. 農心、POSCO、DOOSAN

mp3 03

2

A: 李英愛(イ ヨン エ)さんをどう思いますか。

B: とてもやさしくて真面目なんじゃないかと思います。

1. きれい、落ち着いている
2. 知的、頭の回転がはやい
3. 口数が少ない、しとやか

mp3 04

3

A: 田中さん、国家公務員の試験に一回で受かったそうですよ。

B: わー、彼が公務員になるなんて信じられないです。

1. 公務員の試験に合格した、すごい
2. 一回で受かった、驚き
3. 念願の公務員になれる、うらやましい

단어 落おち着つく 차분하다 | 知的ちてき 지적 | 回転かいてん 회전 | 公務員こうむいん 공무원 | 口数くちかずが少すくない 말수가 적다 | しとやかだ 몸가짐이 품위 있고 차분하다 | 驚おどろき 놀라움 | 念願ねんがん 염원, 소망, 소원 | うらやましい 부럽다

FREE TALKING

다음 질문을 하고 상대방의 대답을 적어 보세요.

- あなたの趣味は何ですか。
  どうしてその趣味を持つようになったんですか。

- 一泊二日のコースでいいところがあったら紹介してください。

- あなたは歌が好きですか。
  好きならどんな歌が好きですか。
  嫌いならどうして嫌いですか。

- 韓国で今人気のあるスポーツは何ですか。
  また何かできるスポーツがありますか。

- みなさんの周りにちょっと変わった趣味を持っている人がいますか。

- みなさんはこれからしてみたいと思う趣味がありますか。

- もしあなたの恋人が趣味を持っていなかったらどうしますか。

VOCABULARY

□ 園芸えんげい	원예
□ 盆栽ぼんさい	분재
□ 編あみ物もの	뜨개질
□ 切手きって集あつめ	우표 모으기
□ コイン集め	동전 모으기
□ 詩しを書かく	시를 쓰다
□ 文通ぶんつう	펜팔
□ カラオケ	가라오케
□ 読書どくしょ	독서
□ 演奏えんそう	연주
□ 演劇えんげき	연극
□ 旅行りょこう	여행
□ 料理りょうり	요리
□ 掃除そうじ	청소
□ 散歩さんぽ	산책
□ 茶道さどう	다도
□ 華道かどう	꽃꽂이의 도
□ 書道しょどう	서예
□ 釣つり	낚시
□ コンピューター	컴퓨터
□ テレビゲーム	TV게임
□ 漫画まんが	만화

□ スポーツ観戦かんせん	스포츠 관람
□ フィットネスクラブ	휘트니스 클럽
□ 球技きゅうぎ	구기
□ ダンス	춤, 댄스
□ エアロビクス	에어로빅
□ ゴルフ	골프
□ サイクリング	사이클링
□ ビリヤード	당구, 포켓볼
□ スカッシュ	스쿼시
□ スキー	스키
□ スケート	스케이트
□ ボーリング	볼링
□ 山登やまのぼり	등산
□ スノーボード	스노보드
□ 花札はなふだ	화투
□ マージャン	마작
□ パチンコ	빠찡꼬
□ ギャンブル/かけごと	도박
□ 将棋しょうぎを差さす	장기를 두다
□ 囲碁いごを打うつ	바둑을 두다

KANJI

愛情	あいじょう 애정	祝賀	しゅくが 축하
感謝	かんしゃ 감사	宿題	しゅくだい 숙제
案内	あんない 안내	出勤	しゅっきん 출근
異国的	いこくてき 이국적	順序	じゅんじょ 순서
意志	いし 의지	勝敗	しょうはい 승패
以前	いぜん 이전	進歩	しんぽ 진보
液体	えきたい 액체	新聞	しんぶん 신문
演技	えんぎ 연기(연기자의 연기)	絶対	ぜったい 절대
拡大	かくだい 확대	底辺	ていへん 저변
自我	じが 자아	鉄道	てつどう 철도
結果	けっか 결과	動作	どうさ 동작
逆境	ぎゃっきょう 역경	投票	とうひょう 투표
周囲	しゅうい 주위	都会	とかい 도회지

LESSON 02

학습목표

식생활에 관해 이야기하기

食生活

주요 문형 1 どんな季節によく食べるんですか。

주요 문형 2 6月から9月にかけて食べます。

주요 문형 3 最近は一年中食べるようになりました。

주요 문형 4 決して高いものではないです。

주요 문형 5 だいたい8000ウォン前後です。

주요 문형 6 できる限りのことはすべて教えます。

DIALOGUE

mp3 05

田中： 朴さん、サムゲタンという料理は
どんな季節によく食べるんですか。

朴： 昔はスタミナをつけるために
6月から9月にかけて食べていたようなんですが、
最近は一年中食べるようになりました。

田中： あー、そうなんですか。

朴： それを韓国語で「以熱治熱」と言って、
「熱をもって、熱をいやす」という意味があるんです。

田中： 値段は高いんじゃないんですか。

朴： 決して高いものではないですよ。
だいたい8000ウォン前後です。

田中： そうなんですか。
朴さん、これからもいろんな
ことを教えてください。

朴： もちろん、できる限りのことは
すべて教えますよ。

단어　季節きせつ 계절 | スタミナ 스태미너 | 値段ねだん 가격 | 前後ぜんご 앞뒤, 전후, 안팎

1 よく

'자주, 잘'의 두 가지 의미가 있는데, 문맥에 따라 뜻이 달라진다.

예 私はうなぎをよく食べる方です。(자주)

田中さん、うなぎ、よく食べますね。(잘)

2 最近

뒤에는 현재나 과거의 술어가 오며, 과거의 경우 일회적인 사건에 대해 쓰인다. 한편,「このごろ」 뒤에 들어가는 술어는 현재이며, 과거를 쓰면 부자연스럽다.

예 (最近(○)/このごろ(○))毎朝ジョギングをしています。

最近○○さんが亡くなりました。(○)

→ このごろ○○さんが亡くなりました。(×)

3 熱をもって、熱をいやす

우리말의 '이열치열'과 비슷한 말로, 열은 열로써 다스린다는 뜻이다.

4 「だいたい」와「たいてい」

- '대강, 대략'이라는 뜻으로는「だいたい」가 쓰인다.

예 この本はだいたい読みました。

彼のことはだいたい聞きました。

- 공통적인 뜻으로 '대개'가 될 경우에는 약간의 차이가 생긴다. (→「たいてい」가「だいたい」보다 100%에 가깝다.)

예 私はボアのCDをだいたい持っています。

私はボアのCDをたいてい持っています。

- 「だいたい」+ 수량 → **약**

예 今日は(だいたい(○)/たいてい(×))100人ほどのお客さんが来た。

오늘은 대략 100명의 손님이 오셨다.

SENTENCE

～から～にかけて	～에서[부터] ～에[까지] 걸쳐 계속 (장소, 시간)
決して～ない	결코[절대] ～하지 않다
～限り	～하는 한

■～から～にかけて

・ソラク山の夏から秋にかけての景色がすばらしいです。

・今日一時から二時にかけて、にわか雨が降りました。

・昨晩東京から名古屋にかけて、強い地震がありました。

■決して～ない

・私は胃腸が悪いので、辛い物は決して食べません。

・彼は決して嘘をつく人ではありません。

・子供は8時以降は、決して外出してはいけません。

■～限り

・夫がたばこをやめない限り、私もたばこをやめないつもりです。

・冷凍してある限り、いつでもおいしく食べられます。

・できる限り、食べるようにしています。

단어 にわか雨あめ 소나기 | 昨晩さくばん 어젯밤 | 名古屋なごや 나고야 | 地震じしん 지진 | 胃腸いちょう 위장 | 嘘うそをつく 거짓말을 하다 | 以降いこう 이후 | 冷凍れいとう 냉동

EXERCISE

mp3 06

1

A: 韓国の梅雨はいつからいつにかけて来るんですか。

B: 6月の終わりから7月の下旬にかけて来るんです。

1. 韓国の桜、咲く / 3月の終わりから4月の初め
2. 韓国に台風、来る / 7月から8月
3. 韓国の高校の冬休み、休む / 12月の末から2月の初め

mp3 07

2

A: 最近、胃の調子が悪くて困っているんです。

B: だったら、決してお酒は飲まない方がいいですよ。

1. 辛い物は食べない
2. 冷たい物は避ける
3. 暴飲暴食はしない

mp3 08

3

A: 最近、食中毒がはやっていますね。

B: そうですね。
でも、料理を作ってすぐ食べる限り心配は要らないでしょう。

1. 材料が新鮮だ
2. 生物を食べない
3. 作り置きしない

단어 下旬げじゅん 하순 | 台風たいふう 태풍 | 避さける 피하다 | 暴飲暴食ぼういんぼうしょく 폭음폭식 | 食中毒しょくちゅうどく 식중독 | はやる 유행하다 | 材料ざいりょう 재료 | 新鮮しんせんだ 신선하다 | 生物なまもの 날것 | 作つくり置おきする 만들어 놓고 보관하다

FREE TALKING

다음 질문을 하고 상대방의 대답을 적어 보세요.

- あなたはどんな食べ物が好きですか。
  また、嫌いな食べ物はありますか。
- あなたの得意な料理は何ですか。
  その料理の作り方を簡単に説明してください。
- 韓国では食べるが日本では食べない物、
  日本では食べるが韓国では食べない物がありますか。
- もしデートするなら、どこでどんな食べ物を食べますか。
- 健康にいい食べ物といえば、どんな食べ物だと思いますか。
- 韓国で食事をする時のマナーについて教えてください。
- 韓国で食べ合わせの良い食べ物がありますか。

VOCABULARY

- □ 韓国料理かんこくりょうり 한국요리
- □ 中華料理ちゅうかりょうり 중국요리
- □ 和食わしょく 일본요리
- □ 西洋料理せいようりょうり 서양요리
- □ 定食ていしょく 정식
- □ おかず 반찬

- □ 麺類めんるい 면류
- □ パン類るい 빵류
- □ カップラーメン 컵라면
- □ インスタント 인스턴트
- □ 食品しょくひん 식품
- □ 晩酌ばんしゃく 저녁 반주
- □ 間食かんしょく 간식
- □ 少食しょうしょく 소식

- □ 甘あまい 달다
- □ 辛からい 맵다
- □ しょっぱい 짜다
- □ すっぱい 시다
- □ 味あじが薄うすい 맛이 싱겁다
- □ 味が濃こい 맛이 진하다
- □ 甘酸あまずっぱい 새콤달콤하다
- □ 脂あぶらっこい 기름기가 많다, 느끼하다

- □ 蒸むす (음식 등을) 찌다
- □ ご飯はんを炊たく 밥을 짓다
- □ 揚あげる 튀기다
- □ 炒いためる 볶다
- □ 焼やく 굽다
- □ 煮にる 끓이다, 삶다

- □ はし 젓가락
- □ 割わりばし 나무젓가락
- □ つまようじ 이쑤시개

- □ 太ふとる 살이 찌다
- □ 痩やせる 살이 빠지다
- □ ダイエット 다이어트

KANJI

能率	のうりつ 능률	厳重	げんじゅう 엄중
表紙	ひょうし 표지	誤解	ごかい 오해
風景	ふうけい 풍경	最初	さいしょ 최초
複雑	ふくざつ 복잡	失敗	しっぱい 실패
仏像	ぶつぞう 불상	賛成	さんせい 찬성
無人島	むじんとう 무인도	事故	じこ 사고
復興	ふっこう 부흥	写真	しゃしん 사진
音楽	おんがく 음악	出版	しゅっぱん 출판
歓声	かんせい 환성	消息	しょうそく 소식
禁止	きんし 금지	照明	しょうめい 조명
軽快	けいかい 경쾌함	水泳	すいえい 수영
現在	げんざい 현재	辞退	じたい 사퇴
状態	じょうたい 상태	税金	ぜいきん 세금

LESSON 03

학습목표

계절에 관해 이야기하기

四季

주요문형 1 私は何と言っても「春」が一番好きです。

주요문형 2 春が来るたびに昔好きだった子を思い出します。

주요문형 3 夜桜を見ながら一杯飲むって風情があります。

주요문형 4 「よざくら」って何ですか。

주요문형 5 桜が満開のうちに私たちも夜桜見に行きませんか。

DIALOGUE

mp3 09

朴：　田中さんの一番好きな季節はいつですか。

田中：私は何と言っても「春」が一番好きですね。

春が来るたびに昔好きだった子を思い出すし、

夜桜を見ながら一杯飲むって風情があるじゃないですか。

朴：　あの一、「よざくら」って何ですか。

田中：あ、「夜の桜」のことですよ。日本では夜桜を見にも

行くんですよ。

あ、そうだ。

桜が満開のうちに私たちも

夜桜見に行きませんか。

朴：　いいですね。何か持って

行くものありますか。

田中：じゃ、朴さんは「ござ」の準備をしてくれますか。

朴：　え？「ござ」？ あの一、「ござ」って…。

단어　何なんと言いっても 뭐니뭐니 해도 | 夜桜よざくら 밤의 벚꽃 | 風情ふぜい 운치 | ござ 골풀로 짠 돗자리

1 ～を思い出す

'～이 떠오르다'의 뜻으로, 「思い出す」는 타동사를 목적어로 하기 때문에 「～を思い出す」의 형태로 써야 한다.

예 えびせんを見ると小学校時代を(が(×))思い出します。

2 一杯

いっ↘ぱい처럼 앞에 악센트를 두고 발음하면 '한 잔', いっ↗ぱい처럼 「ぱ」가 올라가면 '가득, 많이'라는 의미가 된다.

예 いっ↘ぱい下さい。한 잔 주세요.
いっ↗ぱい下さい。많이 주세요.

3 満開

일본어의 「満開」는 명사이다. 따라서 한국어의 '만개하다'처럼 동사로 쓸 수 없다.

예 もう満開ですか。(○)
→ もう満開しますか。(×)

4 うちに

'그때를 놓치면 이제 못하게 되니 지금 해 놓자'라는 뉘앙스로 쓰인다.

예 先生が来ないうちにお弁当食べてしまいましょう。

SENTENCE

～たびに	～할 때마다
～じゃないですか	～하지 않습니까, ～하잖아요
～って	～라고 하는 것은, ～란

■～たびに

· 田中さんは夏休みになるたびに海外旅行に行きます。

· 春が来るたびに花粉症で苦労しています。

· 秋、枯れ葉が落ちるたびに昔の彼を思い出します。

■～じゃないですか

· このケーキ食べてはいけないと言ったじゃないですか。

· だめじゃないですか、遅刻したら。

· この町、静かだと聞いていましたけど、結構にぎやかじゃないですか。

■～って (=～というのは)

· 象って何を食べるんですか

· 冷麺ってどんな食べ物ですか。

· チェジンシルってどんな人ですか。

단어　海外かいがい 해외 | 花粉症かふんしょう 꽃가루 알레르기 | 苦労くろう 고생 | 枯かれ葉は 마른 잎 | 遅刻ちこく 지각 | 結構けっこう 꽤, 상당히, 제법 | 象ぞう 코끼리

EXERCISE

mp3 10

1

A: 夏休みはいつも何をしますか。

B: そうですね。夏休みのたびに海外旅行に行きます。

1. 週末 / 映画を見に行く
2. 冬休み / スキー場に行ってスキーをする
3. 正月 / 親戚の家にあいさつに行く

mp3 11

2

A: まだ子供なのにたばこを吸ってはだめじゃないですか。

1. お酒を飲む
2. 夜更かしさせる
3. 無理な運動をさせる

mp3 12

3

A: 韓国の代表的な食べ物ってどんな物があるんですか。

B: そうですね。
韓国の代表的な食べ物ってキムチや焼き肉などがあります。

1. 冷麺、サムゲタン
2. ボッサム、カルビタン
3. 海鮮鍋、ソルロンタン

단어 正月しょうがつ 정월 | 親戚しんせき 친척 | あいさつ 인사 | 夜更よふかし 밤 늦도록 잠을 자지 않고 깨어 있음 | 代表的だいひょうてき 대표적 | 海鮮鍋かいせんなべ 해물탕

FREE TALKING

다음 질문을 하고 상대방의 대답을 적어 보세요.

- みなさんの一番好きな季節は何ですか。
また、どうしてその季節が好きなんですか。

- あなたは「春」と聞くと何を思い出しますか。
また、韓国の春の風物と言ったらどんなものがあるんですか。

- あなたは「夏」と聞くと何を思い出しますか。
また、韓国の夏の風物と言ったらどんなものがあるんですか。

- あなたは「秋」と聞くと何を思い出しますか。
また、韓国の秋の風物と言ったらどんなものがあるんですか。

- あなたは「冬」と聞くと何を思い出しますか。
また、韓国の冬の風物と言ったらどんなものがあるんですか。

- みなさんは雨が降ったり雪が降ったりしたら、どんな気分になりますか。
また、そんなとき何をしたくなりますか。

VOCABULARY

- □ 花見はなみ 꽃구경
- □ 開花かいか 개화
- □ 満開まんかい 만개
- □ 菜なの花はな 유채꽃
- □ タンポポ 민들레
- □ 入学式にゅうがくしき 입학식
- □ いちご 딸기
- □ ゴールデンウィーク 황금연휴
- □ 花冷はなびえ 꽃샘추위
- □ 春休はるやすみ 봄방학
- □ 四月馬鹿しがつばか 만우절

- □ 冷ひや麦むぎ 냉국수
- □ そう麺めん 소면
- □ ナス 가지
- □ キュウリ 오이
- □ トマト 토마토
- □ かき氷ごおり 빙수
- □ 梅雨つゆ 장마
- □ 花火はなび 불꽃놀이
- □ 海水浴かいすいよく 해수욕
- □ せみ 매미
- □ 避暑地ひしょち 피서지
- □ すいか 수박

- □ 紅葉狩もみじがり 단풍놀이
- □ とんぼ 잠자리
- □ くり 밤
- □ なし 배
- □ ぶどう 포도
- □ すすき 억새풀
- □ 銀杏ぎんなん 은행 열매
- □ 天高てんたかく馬肥うまこゆ 천고마비
- □ さんま 꽁치
- □ 柿かき 감
- □ コスモス 코스모스

- □ お年玉としだま 세뱃돈
- □ 初雪はつゆき 첫눈
- □ 雪ゆきだるま 눈사람
- □ 雪合戦ゆきがっせん 눈싸움
- □ 年末年始ねんまつねんし 연말연시
- □ 冬眠とうみん 동면
- □ 焼やきいも 군고구마
- □ こたつ 일본 전통 테이블식 난로
- □ 雪ゆきまつり 눈 축제
- □ インフルエンザ 유행성 독감

KANJI

整理	せいり 정리	連続	れんぞく 연속
責任	せきにん 책임	毛布	もうふ 모포
卒業	そつぎょう 졸업	遺産	いさん 유산
他人	たにん 타인	印刷	いんさつ 인쇄
貯水池	ちょすいち 저수지	飲料水	いんりょうすい 음료수
通過	つうか 통과	階段	かいだん 계단
美術館	びじゅつかん 미술관	家族	かぞく 가족
評判	ひょうばん 평판	供給	きょうきゅう 공급
物価	ぶっか 물가	行事	ぎょうじ 행사
報告	ほうこく 보고	参加	さんか 참가
放送局	ほうそうきょく 방송국	兄弟	きょうだい 형제
予定	よてい 예정	興味	きょうみ 흥미
旅行	りょこう 여행	区別	くべつ 구별

LESSON 04

학습목표

여가 생활에 관해 이야기하기

余暇

주요 문형 1 サウナに行ってゆったりすることが多いです。

주요 문형 2 外に出かけるよりもむしろ家で音楽を聞きます。

주요 문형 3 ほとんど出前をとります。

주요 문형 4 若い割りにはアクティブなタイプではないです。

주요 문형 5 夕飯の代わりにカップラーメンで済ませました。

DIALOGUE

mp3 13

田中: 朴さんは余暇にどんなことをするんですか。

朴: 私は普通サウナに行ってゆったりすることが多いです。
田中さんは?

田中: 私は出無精で、外に出かけるよりもむしろ家で音楽を聞いたり、DVDを借りてきて映画を見たりすることが多いです。

朴: そうなんですか。
じゃ、買い物なんかはどうするんですか。

田中: 買いに出かけるのも面倒なので、ほとんど出前をとったり、生活用品なんかは通信販売で買ったりしています。

朴: 田中さんって若い割りには意外とアクティブなタイプではないんですね。

田中: そうですね。
昨日も夕飯の代わりにカップラーメンで済ませましたよ。

朴: そんな。
田中さん、体壊しますよ。

단어 余暇よか 여가 | ゆったりする 느긋하게 지내다 | 出無精でぶしょう 외출을 싫어하는 성질, 또는 그런 사람 | 生活用品せいかつようひん 생활 용품 | 通信販売つうしんはんばい 통신 판매 | アクティブ 적극적, 능동적, 활동적

PHRASE

1 面倒(めんどう)

귀찮다, 성가시다(=面倒臭(めんどくさ)い)

예 私は休日に出掛けるのは面倒だ。

2 出前(でまえ)をとる

배달시키다

※「配達(배달)」라는 단어를 쓰면 신문이나 우유 배달로 오해할 수 있으므로 주의한다.

3 意外(いがい)と

의외로(=意外に)

예 声がきれいな彼女は意外と歌は下手だ。

4 ～で済(す)ませる

～으로 때우다(=済(す)ます)

예 お昼はいつもパンで済ませる。

5 体(からだ)を壊(こわ)す

건강을 해치다

cf) お腹を壊す 배탈이 나다

SENTENCE

むしろ	오히려
~割りには	~치고는
~代わりに	~대신에

■ むしろ

· 彼は努力家というよりむしろ天才だ。
· 若者よりむしろ中高年の方が体力がある場合がある。
· そんなことをするくらいならむしろ死んだ方がましだ。

■ ~割りには

· その子供は三才の割りには言葉が上手だ。
· 彼は太っている割りには体重が軽い。
· 田中さんはアメリカに1年いた割りには英語が下手だ。

■ ~代わりに

· 昔はお金の代わりに石を使っていたそうです。
· 今年の誕生日はプレゼントの代わりに現金をもらいました。
· 僕の車を貸してあげるよ。その代わりに君のウォークマン貸してくれる?

단어 努力家どりょくか 노력가 | 天才てんさい 천재 | 若者わかもの 젊은 사람 | 中高年ちゅうこうねん 중년과 노년 | 体力たいりょく 체력 | ましだ 낫다 | 太ふとっている 뚱뚱하다 | 体重たいじゅう 체중 | 現金げんきん 현금

EXERCISE

mp3 14

1

A: とうとう風邪を引いてしまったんですが、
ちょっとサウナでゆっくりして来ようと思います。

B: 風邪を引いた時はサウナに行くより、
むしろ家でゆっくり休んだ方がいいですよ。

1. 病院に行って診てもらう
2. 薬を飲む
3. 部屋で横になる

mp3 15

2

A: 金さんは日本に3年も住んでいたんですよ。

B: あ、そうですか。でも、3年も住んでいた割には発音がよくないですね。

1. 2年間ヨガを習っている
/ 2年間習っている、体がかたい
2. 免許を取って10年目になる
/ 10年目になる、駐車ができない
3. 一ヶ月前に結婚した / 新婚、あまりうれしそうじゃない

mp3 16

3

A: 昔はタクシーの代わりに人力車に乗っていた時代がありました。

1. くつ、わらじをはいている
2. 蛍光灯、ろうそくを使っている
3. 机、段ボール箱を使って勉強している

단어 診みる 진찰하다 | 横よこになる 눕다 | 免許めんきょを取とる 면허를 따다 | 駐車ちゅうしゃ 주차 | 人力車じんりきしゃ 인력거 | わらじ 짚신 | 蛍光灯けいこうとう 형광등 | ろうそく 양초 | 段だんボール箱ばこ 골판지로 만든 박스

FREE TALKING

다음 질문을 하고 상대방의 대답을 적어 보세요.

- あなたは余暇にどんなことをしますか。
- あなたはもし毎週土、日がすべて休みだったらどう過ごしたいですか。
- もしヨーロッパのように一ヶ月ぐらいの長期休暇が出たら、
  あなたならどうしますか。
- 余暇に映画やビデオを見る時はどんな映画やビデオを見ますか。
  また、最近見ておもしろかった映画、ビデオがあったら紹介して下さい。
- あなたは音楽が好きですか。
  どんな音楽が好きですか。
- あなたはどんなスポーツができますか。
  また、余暇にこれからやってみたいことや
  やってみたいスポーツなどがありますか。

VOCABULARY

□ ジョギング	조깅
□ マラソン	마라톤
□ ゴルフ	골프
□ スキー	스키
□ スケート	스케이트
□ テニス	테니스
□ ボーリング	볼링
□ 水泳すいえい	수영
□ ダンス	댄스
□ エアロビクス	에어로빅
□ 卓球たっきゅう	탁구
□ ヨガ	요가
□ 格闘技かくとうぎ	격투기

□ ポップス	팝송
□ クラシック	클래식
□ R&Bアールアンドビー	리듬 앤드 블루스
□ ロック	록
□ J−POPジェーポップ	일본 대중가요
□ ヘビーメタル	헤비메탈
□ ラップ	랩
□ ヒップホップ	힙합
□ 演歌えんか	트로트

□ アクション	액션
□ 恐怖きょうふ	공포(=ホラー)
□ SFエスエフ	공상과학 영화
□ 戦争せんそう	전쟁
□ コメディー	코미디
□ サスペンス	서스펜스
□ 香港ホンコン	홍콩
□ アダルト	성인용 포르노
□ ドキュメンタリー	다큐멘터리
□ スペクタクル	스펙터클

□ 芝居しばい	연극
□ コンサート	콘서트
□ 楽器がっきを弾ひく	악기를 치다
□ 考かんがえ事ごとをする	이것저것 생각하다
□ 瞑想めいそうする	명상하다
□ 家いえでごろごろする	집에서 빈둥거리다
□ 食くっちゃ寝ね食くっちゃ寝ねする	먹고 자고 먹고 자고 하다

KANJI

経営	けいえい 경영	性質	せいしつ 성질
研究	けんきゅう 연구	相談	そうだん 상담
算数	さんすう 산수	測量	そくりょう 측량
製造	せいぞう 제조	多数決	たすうけつ 다수결
指示	しじ 지시	調査	ちょうさ 조사
位置	いち 위치	境内	けいだい 경내
実際	じっさい 실제	道具	どうぐ 도구
事務所	じむしょ 사무소	発達	はったつ 발달
地面	じめん 지면	必需品	ひつじゅひん 필수품
上流	じょうりゅう 상류	貿易	ぼうえき 무역
正確	せいかく 정확	探検	たんけん 탐험
成功	せいこう 성공	迷信	めいしん 미신
期待	きたい 기대	有名	ゆうめい 유명

LESSON 05

학습목표

결혼에 관해 이야기하기

結婚

주요 문형 1 2才年上です。

주요 문형 2 まるで夢のようです。

주요 문형 3 親にもちゃんと言ってあるんでしょ。

주요 문형 4 まずい気がします。

주요 문형 5 許しをもらってから日取りを決めるべきです。

DIALOGUE

mp3 17

田中：朴さん、実は来年の春、

会社の同僚と結婚することにしたんです。

朴：え、本当ですか。それは、おめでとうございます。

で、相手の年は?

田中：えー、それが…。2才年上なんです。

朴：わー、姉さん女房なんですね。で、式場はもう決めたんですか。

田中：え、先週決めてきました。ドレスも着てみて…。

まるで夢のようです。

朴：それは、よかったですね。

もちろん、親にもちゃんと

言ってあるんでしょ。

田中：それが…、まだ相手のご両親に

あいさつもしていないんです。

朴：え? 田中さん、それはまずい気がしますけど。

親に許しをもらってから日取りを決めるべきじゃないですか。

田中：そうですよね。どうしよう。

단어　実じつは 사실은, 실은 | 同僚どうりょう 동료 | 年上としうえ 연상 | 姉あねさん女房にょうぼう 남편보다 나이가 많은 아내 | 式場しきじょう 식장 | 許ゆるし 허락, 허가

1 で

접속사「それで」의 축약형으로, '그래서, 그런데'를 의미한다.

2 ちゃんと

「ちゃんと」는 '가지런히, 분명히, 제대로, 정확하게, 확실히'와 같이 여러 가지 뜻이 있다.

예 ちゃんと並んでください。(가지런히)
私はあなたが私の悪口を言うの、ちゃんと聞いたんだから。(분명히)
仕事をちゃんとしなさい。(제대로)
彼は難しい数学の問題をちゃんと解いた。(정확하게)
私は昨日ちゃんと鍵を閉めました。(확실히)

3 まずい

일반적으로 '맛없다'라는 뜻이지만, 입장이 곤란해지는 경우에도 쓴다.

예 あ、まずい。財布忘れた。
カンニングがばれてしまった。まずいな。

4 日取り(ひどり)

날짜를 정하는 일이나 또는 그 정한 날짜를 말한다. 특히 계획해서 이루어지는 여행이나 결혼에 많이 쓰인다.

예 製品が作られた日取りを見ると一昨年となっている。(×)
製品が作られた日付けを見ると一昨年となっている。(○)

SENTENCE

まるで~のようだ	마치 ~같다
~気がする/~感じがする	~같은 느낌(기분)이 들다
~べきだ	~해야만 한다

■まるで~のようだ

· 彼女は化粧をするとまるでモデルのように見えます。

· 雲がまるで綿菓子のようですね。

· 田中先生はまるで鬼のように怖い先生です。

■~気がする/~感じがする

· 今日彼は何となく来なさそうな気がする。

· この料理はインスタントのような感じがする。

· 今日は昨日よりも涼しい感じがする。

■~べきだ

· 先生にはあいさつをすべきです。(※「する」→ するべき/すべき)

· 体の調子が悪い時はお酒を飲むべきではありません。

· 約束は必ず守るべきです。

단어　化粧けしょう 화장 | 綿菓子わたがし 솜사탕 | 鬼おにのようだ 호랑이 같다 | 怖こわい 무섭다 | 何なんとなく 왠지 모르게, 어쩐지 | インスタント 인스턴트

EXERCISE

mp3 18

1

A: 彼女の歌声はまるでカナリアのようにきれいな声をしています。

1. 田中さんの手、氷、冷たい
2. 鈴木さん、ゆでだこ、赤い顔をしている
3. 最近の佐藤さん、ぶた、太ってしまった

mp3 19

2

A: 田中さん、日本と韓国とでは何か違うところがあると思いますか。

B: そうですね。夏は韓国より日本の方が暑いような気がしますね。

1. 日本人より韓国人の方がお酒が強い
2. 日本より韓国の方がおかずの数が多い
3. 日本より韓国の方が物価の上がり方が速い

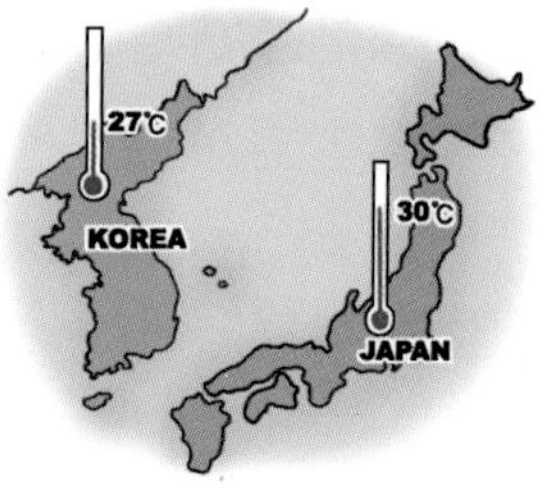

mp3 20

3

A: 最近の子供たちは塾通いで忙しすぎますよね。

B: そうですね。もっと運動する時間を持たせるべきですよね。

1. 読書する時間を取らせる
2. 元気に外で遊ばせる
3. 親子のコミュニケーションの時間を取らせる

단어 氷こおり 얼음 | ゆでだこ 물에 데친 문어, 술을 마셔서 얼굴이 빨갛게 된 사람을 비유 | おかず 반찬 | 物価ぶっかの上あがり方かた 물가 상승률 | 塾通じゅくがよい 학원에 다니는 일 | 親子おやこ 부모와 자식

FREE TALKING

다음 질문을 하고 상대방의 대답을 적어 보세요.

- あなたの理想のタイプはどんな人ですか。
- 最近は結婚にどのくらいの費用がかかりますか。
  また、そのお金はどこに使われますか。
- あなたはお見合い結婚がいいですか。
  それとも恋愛結婚がいいですか。
- 最近はどうして結婚年齢が上がっていると思いますか。
- 独身生活の良い点と悪い点は何でしょうか。
- あなたは結婚したら共働きがいいと思いますか、
  専業主婦がいいと思いますか。
- あなたが好きな相手にプロポーズをするなら
  何と言ってプロポーズをしますか。

VOCABULARY

- お見合みあいをする 맞선 보다
- 招待状しょうたいじょう 청첩장, 초대장
- 結婚式場けっこんしきじょう 예식장
- 結婚費用けっこんひよう 결혼 비용
- 新婚旅行しんこんりょこう 신혼여행
- 引ひき出物でもの
  결혼식에서 하객에게 주는 답례품

- 離婚りこん 이혼
- 再婚さいこん 재혼
- 未婚みこん 미혼
- 独身どくしん 독신

- 恋愛れんあい 연애
- 彼氏かれし 남자 친구
- 彼女かのじょ 여자 친구
- プロポーズ 프러포즈
- 告白こくはくする 고백하다
- 失恋しつれんする 실연하다
- ふられる 차이다
- 理想りそうが高たかい 눈이 높다
- 付っき合あう 사귀다
- 交際こうさい 교제
- 同棲どうせい 동거

- 夫婦ふうふげんか 부부싸움
- 仲直なかなおりする 화해하다
- 共働ともばたらき 맞벌이
  共稼ともかせぎ
- 浮気うわきをする 바람피우다

- 適齢期てきれいき 결혼 적령기
- 専業主婦せんぎょうしゅふ 전업 주부

- 一人ひとりっ子こ 외아들, 외딸

- 3高こう
  3고. 학력이 높고, 연봉이 높고, 키가 큰 것을 함께 이르는 말

KANJI

暗号	あんごう 암호	機関士	きかんし 기관사
医学	いがく 의학	技術	ぎじゅつ 기술
移植	いしょく 이식	季節	きせつ 계절
胃腸	いちょう 위장	群衆	ぐんしゅう 군중
衣類	いるい 의류	広場	ひろば 광장
運河	うんが 운하	原因	げんいん 원인
応接室	おうせつしつ 응접실	健康	けんこう 건강
改良	かいりょう 개량	黒板	こくばん 칠판
観察	かんさつ 관찰	殺人	さつじん 살인
機械	きかい 기계	酸素	さんそ 산소
器官	きかん 기관	謝礼	しゃれい 사례
教育	きょういく 교육	終点	しゅうてん 종점
許可	きょか 허가	主張	しゅちょう 주장

LESSON

학습목표
학창 시절에 관해 이야기하기

06

学生時代

주요 문형 1 今の学生達よりのびのびしていました。

주요 문형 2 入試地獄のせいで、夜10時ごろまで勉強します。

주요 문형 3 受験勉強しないといけないんです。

주요 문형 4 おかげで、私は浪人しました。

DIALOGUE

mp3 21

朴： 田中さんの学生時代ってどんな感じだったんですか。

田中： そうですね。今の学生達よりのびのびしていましたよ。
遊びたければ遊ぶ、バイトしたければバイトするって
感じでしたね。

朴： あー、そうだったんですか。
韓国の今の学生達は入試地獄のせいで、
夜10時ごろまで勉強させられるんですよ。

田中： 日本では考えられないですね。
日本では放課後は自由でしたよ。私はバレーボール部
だったので夜8時頃までずっと練習していましたね。

朴： でも、部活もいいですけど、大学に入るためには
少なくとも受験勉強しないと
いけないんじゃないですか。

田中： それは、そうですね。
おかげで、私は浪人しました。
(苦笑い)

단어　バイト 아르바이트 ｜ 入試地獄にゅうしじごく 입시 지옥 ｜ 放課後ほうかご 방과 후 ｜ 部活ぶかつ 「部活動」의 축약형, 주로 방과 후에 하는 일종의 동아리 활동 ｜ 受験じゅけん 수험

1 のびのびする

자유롭고 편하다(=のびのびとする)

예 彼は毎日のびのびとした生活をしている。

2 ～しないといけない

보통 문법 시간에 배우는 「～しなければならない」도 쓸 수 있지만, 자기 주관을 상대에게 말하고 싶을 때는 「～しないといけない」를 쓴다.

예 明日の会議に出席しないといけない。

3 浪人(ろうにん)

재수 / 浪人生(ろうにんせい) 재수생 / 二浪(にろう) 삼수 (↔ 現役(げんえき))

4 苦笑い(にがわらい)

쓴웃음 (=苦笑(くしょう))

cf) 照(て)れ笑い 부끄러운 웃음

作(つく)り笑い 억지웃음

ばか笑い 품위 없이 헤헤거림

思(おも)い出(だ)し笑い 지나간 일이 생각나서 웃음

愛想(あいそ)笑い 상대방의 환심을 사려고 웃음

含(ふく)み笑い 소리를 내거나 입을 벌리지 않고 웃는 웃음

大(おお)笑い 크게 웃음

SENTENCE

~せいで/~せいだ ~탓으로/~탓이다
少なくとも/多くとも 적어도/많아도
おかげで/おかげだ 덕분에/덕분이다

■~せいで/~せいだ

· 不良グループのせいで学校のイメージが悪くなってしまいました。

· 友達のせいで先生にしかられてしまった。

· (高校生が)飲み屋に行ったせいで停学になってしまいました。

■少なくとも/多くとも

· 彼の一ヶ月の小遣いは少なくとも50万ウォンは越えるでしょう。

· アルバイトで稼げるお金は多くとも1日5万ウォンぐらいでしょう。

· 学生なら少なくとも基本的な英会話はできなくてはいけません。

■おかげで/おかげだ(おかげさまだ)

· 先生の熱心な指導のおかげで大学に合格できた。

· 子供の命が助かったのもあなたのおかげです。

· A: お元気ですか。

B: はい、おかげさまで元気でやっています。

단어 不良ふりょう 불량 | 飲のみ屋や 술집 | 停学ていがく 정학 | 小遣こづかい 용돈 | 稼かせぐ 돈을 벌다 | 基本的きほんてき 기본적 | 熱心ねっしん 열심 | 指導しどう 지도 | 命いのち 생명 | 助たすかる 구조되다, 구제되다, 죽음을 모면하다

EXERCISE

mp3 22

1

A: テスト中にカンニングしたせいで、先生にしかられてしまいました。

1. 二股をかける、ふられる
2. 信号を無視する、事故を起こす
3. いつも暗いところで本を読む、視力が落ちる

mp3 23

2

A: 最近は不景気で就職するのが大変になりましたよね。

B: そうですよね。少なくとも英語ができないといけませんよね。

1. 何か経歴がない
2. 外国語の一つや二つはできない
3. 何か資格を持っていない

mp3 24

3

A: 津波にあったとき、浮き輪のおかげで助かりました。

1. 交通事故にあう、エアバッグ
2. 強盗にあう、隣人の通報
3. 財布を落としてしまう、交番のお巡りさん

단어 二股ふたまたをかける 양다리를 걸치다 | 信号しんごうを無視むしする 신호 위반을 하다 | 事故じこ 사고 | 不景気ふけいき 불경기 | 就職しゅうしょく 취직 | 経歴けいれき 경력 | 資格しかく 자격증 | 津波つなみ 해일 | 浮うき輪わ 튜브 | 強盗ごうとう 강도 | 隣人りんじん 이웃사람 | 通報つうほう 통보, 신고 | 交番こうばん 파출소 | お巡まわりさん 순경

FREE TALKING

다음 질문을 하고 상대방의 대답을 적어 보세요.

- 学生時代の思い出を一つ話してください。
- 学校までどうやって行きましたか。
  また、時間はどのくらいかかりましたか。
- あなたは男女共学がいいですか、それとも男女別々の学校がいいですか。
  また、その理由を話してください。
- あなたの担任の先生の中で一番会いたい先生はだれですか。
  また、どんな先生でしたか。
- みなさんは夏休みはどんなことをして過ごしましたか。
- 学生時代のあなたの成績はどうでしたか。
- あなたの初恋はいつでしたか。

VOCABULARY

- □ 文房具ぶんぼうぐ 문방구
- □ 学用品がくようひん 학용품
- □ お弁当べんとう 도시락
- □ 宿題しゅくだい 숙제
- □ 放課後ほうかご 방과 후
- □ クラブ活動かつどう 클럽활동
- □ 給食きゅうしょく 급식
- □ いたずら 장난
- □ サボる 땡땡이치다

- □ 通学つうがく 통학
- □ 登校とうこう 등교
- □ 下校げこう 하교

- □ 男女共学だんじょきょうがく 남녀공학
- □ 女子高じょしこう 여고
- □ 男子高だんしこう 남고
- □ 私立しりつ 사립
- □ 公立こうりつ 공립
- □ 国立こくりつ 국립
- □ 県立けんりつ 현립
- □ 校則こうそく 교칙

- □ 担任たんにんの先生せんせい 담임 선생님

- □ 校長先生こうちょうせんせい 교장 선생님

- □ 自習じしゅう 자습
- □ 私服しふく 사복
- □ 制服せいふく 제복, 학생복
- □ 学園祭がくえんさい 학교 축제
- □ 体育祭たいいくさい 체육 대회

- □ 予備校よびこう 입시 학원
- □ 合宿がっしゅく 합숙
- □ 徹夜てつや 철야

- □ いじめ 집단 따돌림
- □ リンチ 린치
- □ 校内暴力こうないぼうりょく 교내 폭력

- □ クラス会かい 반창회
- □ 同窓会どうそうかい 동창회

KANJI

戦争	せんそう 전쟁	温度計	おんどけい 온도계
線路	せんろ 선로	害虫	がいちゅう 해충
団体	だんたい 단체	革命	かくめい 혁명
適切	てきせつ 적절함	刊行	かんこう 간행
典型的	てんけいてき 전형적	勧告	かんこく 권고
念願	ねんがん 염원	幹部	かんぶ 간부
反省	はんせい 반성	貴金属	ききんぞく 귀금속
百貨店	ひゃっかてん 백화점	規則	きそく 규칙
変化	へんか 변화	基地	きち 기지
本格的	ほんかくてき 본격적	寄付	きふ 기부
薬品	やくひん 약품	疑問	ぎもん 의문
英語	えいご 영어	旧式	きゅうしき 구식
延期	えんき 연기	欠席	けっせき 결석

LESSON 07

학습목표
술과 주량에 관해 이야기하기

お酒

주요문형1 周りの人は私のことを上戸だって言います。

주요문형2 焼酎もそのままストレートで飲みます。

주요문형3 焼酎だけでなくウイスキーも飲みます。

주요문형4 べろんべろんに酔っぱらっちゃいます。

주요문형5 飲めば飲むほど強くなります。

주요문형6 気持ち悪いふりをしていました。

DIALOGUE

mp3 25

田中： 朴さん！ 朴さんはお酒が結構行ける方ですか。

朴： そうですね。周りの人は私のことを上戸だって言いますね。

田中： 朴さんは焼酎もそのままストレートで飲むんでしょ。

朴： もちろんです。

焼酎だけでなくウイスキーもストレートで飲みますよ。

田中： え？ ウイスキーもですか。信じられないです。

そんな飲み方したらべろんべろんに酔っぱらっちゃうじゃないですか。

朴： でも、お酒って飲めば飲むほど強くなるって言うでしょ。

私も最初はすぐ気持ち悪くなっていましたよ。

田中： そうですか。ただ、気持ち悪い振りをしていただけじゃないんですか。

朴： ハハハ。

それもお酒に強くないとできないですよ。

단어 お酒(さけ)が行(い)ける 술을 꽤 한다 | ストレート 스트레이트 | 信(しん)じる 믿다 | べろんべろん 곤드레만드레 | 酔(よ)っぱらう 몹시 취하다 | 最初(さいしょ) 최초, 처음

PHRASE

1 上戸(じょうご)

술꾼 (↔下戸(げこ))

cf) 笑い上戸　술을 마시면 웃는 버릇이 있는 사람
泣き上戸　술을 마시면 우는 버릇이 있는 사람

2 ～ちゃう

'～해 버리다'의 뜻으로 「～てしまう」의 축약형이다. 「て형 + ちゃう」지만 「ぬ、む、ぶ」로 끝나는 동사의 경우는 「～じゃう」가 된다.

예 飲む → 飲んじゃう
遊ぶ → 遊んじゃう
死ぬ → 死んじゃう

3 気持ち悪い

일반적으로 「気持ちが悪い」라고 하면 '기분이 나쁘다'라고 생각하는 학습자가 많지만, '구역질이 나거나 징그러운 상태'에도 쓰인다.

예 (멀미가 나서) ちょっと、気持ち悪いです。
(뱀을 보고) わー、気持ち悪い！

4 ～振(ふ)りをする

～인 척하다

예 寝たふりをする 자는 척하다
知ったかぶりをする (모르면서도) 아는 척하다
知らんぷりをする 모르는 척하다, 무시하다

SENTENCE

～まま	～채, ～대로
～だけでなく～も	～뿐만 아니라 ～도
～ば～ほど	～하면 ～할수록

■～まま

· 韓国では焼酎をそのまま飲む人が多い。

· 昨日コンタクトをしたまま寝てしまいました。

· 私はお風呂に入るときはいつも眼鏡をかけたまま入ります。

■～だけでなく～も

· 家内はウィスキーだけでなく焼酎もよく飲みます。

· お酒はただおいしいというだけでなく後味もよくなければいけません。

· このカクテルは色がきれいなだけでなく味もいけます。

■～ば～ほど

· 私はお酒を飲めば飲むほど顔が赤くなります。

· ビールは冷たければ冷たいほどおいしいです。

· お酒のグラスはシンプルであればあるほどいいです。

단어　コンタクト 콘택트렌즈 | 後味あとあじ 뒷맛 | いける 먹을 만하다, 맛있다 | グラス 유리잔 | シンプル 심플함

EXERCISE

mp3 26

1

A: 寒いときは靴下をはいたまま、寝ることがあります。

1. 忙しい、皿洗いをしない、会社に行く
2. 暑くて寝られない、クーラーをつける、寝る
3. 考え事がある、目をつぶる、じっと椅子に座っている

mp3 27

2

A: 最近ガソリン代がとても上がりましたよね。

B: そうですね。ガソリン代だけでなく野菜の値段も上がりましたよね。

1. 交通費 / 電気代
2. 地下鉄の料金 / バス代
3. 飛行機代 / 家賃

mp3 28

3

A: たくさん食べれば食べるほど太ります。

1. たくさん泣く、目がはれる
2. 物が安い、たくさん売れる
3. 部屋が静かだ、勉強しやすい

단어　皿洗さらあらい 설거지 | 考かんがえ事ごと 이것저것 생각하는 일, 걱정거리 | 目めをつぶる 눈을 감다 | 料金りょうきん 요금 | 家賃やちん 집세 | 目めがはれる 눈이 붓다 | 売うれる 팔리다

FREE TALKING

다음 질문을 하고 상대방의 대답을 적어 보세요.

- あなたが初めてお酒を飲んだのはいつでしたか。
  また、どんなきっかけで飲んだんですか。

- あなたが特に好きなお酒はどんなお酒ですか。
  好きな理由がありますか。

- あなたはどんなお酒をどのぐらい飲めますか。

- 焼酎を飲むときはどんなおつまみがよく合いますか。
  また、ビールを飲むときはどんなおつまみがよく合いますか。

- あなたはお酒を飲みすぎて何か失敗したことがありますか。

- お酒を飲めないと社会生活をするのに支障があると思いますか。

- 二日酔いになったら次の日はどうしたらいいですか。

VOCABULARY

- □ 生なまビール　생맥주
- □ ビンビール　병맥주
- □ 清酒せいしゅ　청주
- □ 焼酎しょうちゅう　소주
- □ ウイスキー　위스키
- □ ブランデー　브랜디
- □ バーボン　바본
- □ ラム　럼주
- □ テキーラ　테킬라
- □ ウォッカ　보드카
- □ カクテル　칵테일
- □ ワイン　와인
- □ 白しろワイン　백포도주
- □ 赤あかワイン　적포도주
- □ ストレート　스트레이트
- □ 水割みずわり　물을 탄 술
- □ お湯割ゆわり　뜨거운 물을 타서 먹는 술
- □ ロック　on the rock

- □ はしご酒ざけ
  2차 3차로 장소를 옮기며 마시는 술
- □ 一次会いちじかい　1차
- □ つまみ　안주
  酒さけの肴さかな

- □ つきだし
  본요리가 나오기 전에 나오는 가벼운 요리

- □ 一気いっき　원샷
- □ チャンポンする　술을 섞어 마시다
- □ 酔よう　취하다
- □ 吐はく　토하다
- □ 悪酔わるよい
  술에 취해 구역질을 하거나 두통이 남
- □ ほろ酔よい　거나하게 취함
- □ 酔よいがさめる　술이 깨다
- □ 二日酔ふつかよい　숙취

- □ 割わり勘かんする　더치페이 하다

- □ 禁酒きんしゅ　금주
- □ 酒さけをやめる　술을 끊다

KANJI

散歩	さんぽ 산책	単純	たんじゅん 단순
国旗	こっき 국기	売買	ばいばい 매매
祭典	さいてん 제전	万全	ばんぜん 만전
試験	しけん 시험	暴風雨	ぼうふうう 폭풍우
満足	まんぞく 만족	保護	ほご 보호
時代	じだい 시대	無限	むげん 무한
失望	しつぼう 실망	養老院	ようろういん 양로원
住居	じゅうきょ 주거	利益	りえき 이익
女王	じょおう 여왕	解釈	かいしゃく 해석
西洋	せいよう 서양	教科書	きょうかしょ 교과서
歴史	れきし 역사	血管	けっかん 혈관
選挙	せんきょ 선거	建築	けんちく 건축
総額	そうがく 총액	午後	ごご 오후

LESSON

학습목표

여행에 관해 이야기하기

08

旅行

주요 문형 1 いよいよ初めての海外旅行に行きます。

주요 문형 2 格安航空券を手に入れました。

주요 문형 3 考えるだけでもわくわくします。

주요 문형 4 身振り手振りで何とかなるでしょう。

주요 문형 5 向こうの人の英語って聞きづらいです。

DIALOGUE

mp3 29

田中： 朴さん、来週の日曜いよいよ初めての海外旅行に
行くんですよ。

朴： わー、うらやましい。で、どこに行くんですか。

田中： フィリピンなんですが、インターネットで格安航空券を
手に入れたんですよ。考えるだけでもわくわくします。

朴： でも、田中さん、英語は大丈夫なんですか。

田中： 英語？ 片言の英語さえ使えば身振り手振りで
何とかなるでしょう。

朴： でも、いくら片言の英語ができるからと言って、
向こうの人の英語って聞きづらいですよ。
で、ビザはもう取ったんですか。

田中： え、ビザ？
ビザが要るんですか。

朴： え？ それもまだ調べて
いないんですか。

단어 格安かくやす 값이 매우 쌈 | 航空券こうくうけん 항공권 | 片言かたこと 떠듬떠듬하는 말씨 | 身振みぶり手振てぶり 손짓 발짓 | 何なんとかなるでしょう 어떻게 되겠죠 | 向むこう 저쪽, 상대방, 맞은편

1 いよいよ

'드디어'라는 뜻으로 기다리던 날이 다가올 때 쓴다. 반면 「とうとう」는 시간이 경과되면서 최종적인 국면에 도달한다는 뜻을 나타낸다.

예 朝からずっと待っていたのに彼女はとうとう来なかった。
아침부터 계속 기다렸는데, 그녀는 끝내 오지 않았다.

田中さんはストレスがたまって、とうとう病気になってしまった。
다나카 씨는 스트레스가 쌓여서 결국 병에 걸리고 말았다.

2 手(て)に入(い)れる

손에 넣다

cf) 手に入(はい)る 손에 들어오다

예 彼は日頃ほしがっていた時計をようやく手に入れた。

3 わくわく

가슴이 설레는 모양, 두근두근

cf) どきどきする 심장이 뛰는 모양, 가슴이 두근두근하는 모양

4 ～づらい

「ます형 + づらい」의 형태로 '～하기 어렵다'의 뜻이다. 「～にくい」와 달리 「～づらい」는 정신적인 부담이나 신체적인 이유 때문에 '～하기 어렵다'고 할 때 쓰는 경향이 있다.

예 彼女にお金を貸してほしいとは言いづらい。
그녀에게 돈을 빌려 달라고 말하기 힘들다.

口びるをけがしたので食べづらい。
입술을 다쳤기 때문에 먹기 힘들다.

SENTENCE

~だけでも	~하기만 해도, ~만이라도
~さえ~ば	~만 ~면
~からと言って	~라고 해서, ~라고 해도

■ ~だけでも

· 彼女は「幽霊」という言葉を口にするだけでも怖がります。
· 母のことを思っただけでも涙が出てきます。
· せめて話だけでも聞いていただけないですか。

■ ~さえ~ば

· 私は暇さえあれば旅行しています。
· 泊まるところは汚くさえなければ、どこでもかまいません。
· この薬を飲みさえすれば、病気はすぐ治りますよ。

■ ~からと言って

· いくら学生だからと言って、遊んでばかりいてはいけません。
· 日本に三年住んだからと言って、日本語をマスターしたとは言えない。
· 暑いからと言って、アイスクリームを食べ過ぎるとお腹を壊します。

단어 **幽霊**ゆうれい 유령 | **口**くち**にする** 말하다, 화제로 삼다, 먹다 | **涙**なみだ 눈물 | **せめて** 적어도, 이것만이라도, 하다못해 | **泊**と**まる** 묵다, 숙박하다 | **汚**きた**ない** 더럽다 | **治**なお**る** (병이) 낫다 | **マスターする** 마스터하다 | **お腹**なか**を壊**こわ**す** 배탈이 나다

EXERCISE

mp3 30

1

A: あなたは聞いただけでも気持ち悪くなるという言葉がありますか。

B: そうですね。
私はヘビという言葉を聞いただけでも気持ち悪くなります。

1. ミミズ
2. 毛虫
3. ゴキブリ

mp3 31

2

A: 私は愛さえあれば結婚できると思います。

1. お金がある、何でもできる世の中
2. 性格がいい、外見は重要じゃない
3. 今の彼がいる、何も必要ない

mp3 32

3

A: いくら健康だからと言って、毎日お酒を飲むのはよくないことです。

1. お金持ち、いつも無駄遣いをするのはよくないこと
2. 毎日健康食品を食べている、病気にならないとは言えない
3. 運転歴が10年のベテラン、スピードを出し過ぎたら危ない

단어 ヘビ 뱀 | ミミズ 지렁이 | 毛虫けむし 송충이처럼 몸에 털이 있는 벌레의 총칭 | ゴキブリ 바퀴벌레 | 世よの中なか 세상 | 外見がいけん 외모 | 無駄遣むだづかい 헛되이 씀, 낭비 | 健康食品けんこうしょくひん 건강식품 | 運転歴うんてんれき 운전 경력 | 危あぶない 위험하다

FREE TALKING

다음 질문을 하고 상대방의 대답을 적어 보세요.

- あなたが海外旅行をするならどの国に行ってみたいですか。
  また、それはどうしてですか。(日本を除いて)
- 今年や去年、だれとどんなところに旅行に行きましたか。
- あなたは山登り派ですか。海水浴派ですか。
  (グループの場合はそれぞれチーム別に分かれて討論してみましょう。)
- 今までの旅行の思い出について話してください。
- 国内旅行でお薦めのところがあったら紹介してください。
- 旅行をすることによってどんなことを得られると思いますか。
- 海外旅行をするとき気をつけなければいけないことは何だと思いますか。
- あなたは一人で海外旅行をする自信がありますか。

VOCABULARY

- □ 日帰ひがえり　당일치기
- □ パッケージ　패키지여행
- □ 一人旅ひとりたび　혼자 하는 여행
- □ 海外旅行かいがいりょこう　해외 여행
- □ 団体旅行だんたいりょこう　단체 여행
- □ 社内旅行しゃないりょこう　사원 여행
  (=慰安旅行いあんりょこう)

- □ ツアー　투어
- □ トラベラーズチェック　여행자수표
- □ ガイド　가이드
- □ 時差じさ　시차

- □ 旅費りょひ　여행비
- □ 交通費こうつうひ　교통비
- □ ハプニング　해프닝
- □ 出会であい　만남
- □ 体験たいけん　체험

- □ 予約よやく　예약
- □ 取とり消けし　취소
- □ 指定席していせき　지정석
- □ 自由席じゆうせき　자유석
- □ 行ゆき先さき　행선지
- □ グリーン車
  JR에서 요금을 더 내고 타는 특실과 같은 차량

- □ 乗のり継つぐ　갈아타다

- □ 空港くうこう　공항
- □ ビザ　비자
- □ 申請しんせい　신청
- □ パスポート　여권
- □ 入国審査にゅうこくしんさ　입국심사
- □ 格安かくやすチケット　값이 아주 싼 티켓
- □ 免税店めんぜいてん　면세점
- □ エコノミークラス　이코노미 클래스
- □ ビジネスクラス　비즈니스 클래스
- □ ファーストクラス　퍼스트 클래스

- □ 遠足えんそく　소풍
- □ ドライブ　드라이브
- □ 海水浴場かいすいよくじょう　해수욕장
- □ 登山とざん　등산
  山登やまのぼり
- □ 避暑地ひしょち　피서지
- □ 別荘べっそう　별장
- □ ぼられる　바가지 쓰다
- □ お土産みやげ　선물, 특산품

KANJI

材質	ざいしつ 재질	是非	ぜひ 시비
使用	しよう 사용	判断	はんだん 판단
災難	さいなん 재난	善良	ぜんりょう 선량
策略	さくりゃく 책략	態度	たいど 태도
敵	てき 적	中央	ちゅうおう 중앙
事件	じけん 사건	鉱石	こうせき 광석
展開	てんかい 전개	動詞	どうし 동사
自然	しぜん 자연	同窓会	どうそうかい 동창회
習慣	しゅうかん 습관	童話	どうわ 동화
収入	しゅうにゅう 수입	犯罪	はんざい 범죄
修理	しゅうり 수리	平等	びょうどう 평등
招待	しょうたい 초대	比例	ひれい 비례
世紀末	せいきまつ 세기말	友情	ゆうじょう 우정

LESSON

학습목표

연예계에 관해 이야기하기

09

芸能界

주요문형1 田中さんって意外と面食いなんですね。

주요문형2 スクリーンだけでハートまでわかるものでしょうか。

주요문형3 みんな性格も温厚で女らしいということです。

주요문형4 付き合ってみないとなかなか分からないです。

주요문형5 言われてみれば、そうですね。

주요문형6 もうすべて分かっているんですよね。

DIALOGUE

mp3 33

朴：　田中さんは韓国の芸能人の中でだれが一番好きなんですか。

田中：好きな人はたくさんいますよ。

イヨンエ、チェジウ、チョンジヒョン…。

朴：　わー、田中さんって意外と面食いなんですね。

でも、女性って外見じゃなくてハートだと思いますよ。

田中：でも、スクリーンだけでハートまでわかるものでしょうか。

朴：　友達の話しではみんな性格も温厚で女らしいということですよ。

田中：でも男も女もやっぱり付き合ってみないとなかなか分からないですよ。

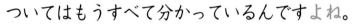

朴：　言われてみれば、そうですね。

だったら、田中さんの彼女についてはもうすべて分かっているんですよね。

田中：それが…。長く付き合っていてもまだ分からないんです。

단어　**芸能界**げいのうかい 연예계 | **芸能人**げいのうじん 연예인 | **意外**いがい 의외 | **ハート** 마음 | **温厚**おんこう 온후함, 온화하고 후덕함 | **言われてみれば** 말을 들어보니까, 하긴

1 面食い(めんくい)

아름다운 얼굴을 가진 사람만을 좋아하는 성격의 사람

예 彼女は面食いなので、とても目が高いです。

2 女らしい

'여자답다, 여성스럽다'라는 뜻으로, 「～らしい」는 '～답다'라는 뜻을 나타낸다.

예 学生らしい姿 학생다운 모습
子供らしい服 어린이다운 옷
cf) 女っぽい (남자가) 여자 같다

3 だったら

「それだったら」의 준말

4 よね

'확인'의 뜻을 나타낼 때 「ね」와 「よね」는 같은 뜻으로 쓰인다.

예 最近暑いですね。≒ 最近暑いですよね。요즘 덥죠?

그러나 「ね」는 말하는 사람이 확신하고 있는 것을 상대에게 확인하는 뜻이지, 만약에 말하는 사람의 마음속에서 확신이 없을 경우에는 「よね」가 자연스러워진다.

예 携帯がないんですけど、僕、さっきここに置きましたよね。
휴대전화가 없는데, 제가, 아까 여기에 두었죠?

SENTENCE

~ものだ　감동, 감탄, 과거의 회상, 당연함
~ということだ　~라고 하다
なかなか　좀처럼(~하지 않다), 제법

■~ものだ

· 彼女も前は子供っぽかったのに今はすっかり大人っぽくなったものですね。(감동, 감탄)
· 昔はよく川に泳ぎに行ったものです。(과거의 회상)
· 韓国のおでんはしょうゆにつけて食べるものです。(당연함)

■~ということだ

· 金さんのところのお嬢さんは来春結婚するということです。
· 有名なタレントが亡くなったということですが、本当ですか。
· コーヒーはガンを予防するということですよ。

■なかなか

· なかなかバスが来ないな。
· この犬はなかなか頭の切れる犬だ。
· 音痴だと思っていたのになかなか歌がうまいね。

단어　子供こどもっぽい 어린애 같다 | 大人おとなっぽい 어른스럽다 | しょうゆ 간장 | お嬢じょうさん 따님 | 来春らいしゅん 내년 봄 | ガン 암 | 予防よぼう 예방 | 頭あたまが切きれる 머리가 영리하다 | 音痴おんち 음치

mp3 34

1

A: 韓国ではご飯を食べるときはスプーンを使うものです。

1. 日本、味噌汁を食べる、はしで食べる
2. 韓国、焼き肉を食べる、後でご飯や冷麺を食べる
3. 日本、タクシーに乗る、ドアの開け閉めを運転手がする

mp3 35

2

A: 今日何か特別なニュースありましたか。

B: 明日は大雪が降るということですよ。

1. ロシアの大統領が日本に来る
2. 東京で連続殺人事件が起こった
3. 今年の夏は40度を超す日が多い

mp3 36

3

A: 見てください。この新車、一週間前に買ったんですよ。

B: そうですか。なかなかかっこいい車ですね。

1. スポーティーで速そう
2. 高級感のある
3. 斬新なデザインで人気のありそう

단어　味噌汁みそしる 된장국 | はし 젓가락 | 焼やき肉にく 불고기 | 開あけ閉しめ (문이나 통로의) 개폐 | 大統領だいとうりょう 대통령 | 連続殺人事件れんぞくさつじんじけん 연쇄 살인 사건 | 超こす 초과하다, 그 이상이 되다 | スポーティー 스포티함 | 高級感こうきゅうかん 고급스러움 | 斬新ざんしん 참신함

FREE TALKING

다음 질문을 하고 상대방의 대답을 적어 보세요.

- 今韓国で人気のあるタレントはだれですか。
  また、どうして人気があるのですか。
- あなたは芸能人に憧れたことがありますか。
  また、芸能人になりたいと思ったことがありますか。
  また、芸能人になるためにはどうしたらいいでしょうか。
- 韓国の歌手の中で歌唱力のある歌手はだれだと思いますか。
- 今韓国で視聴率の高い番組は何ですか。
  また、その番組はどんな番組ですか。
- 今マスコミで芸能人のスキャンダルなどがありますか。
- もし、一日だけあなたが好きな芸能人とデートができるなら、
  だれとどんなデートがしたいですか。

VOCABULARY

- □ ファン 팬
- □ 歌手かしゅ 가수
- □ ヒット曲きょく 히트곡
- □ 歌唱力かしょうりょく 가창력
- □ ハスキーだ 허스키하다

- □ 司会者しかいしゃ 사회자
- □ プロデューサー 프로듀서
- □ 録画ろくが 녹화
- □ スタジオ 스튜디오
- □ ギャラ 출연료
- □ 放送局ほうそうきょく 방송국
- □ 番組ばんぐみ 프로그램
- □ 深夜放送しんやほうそう 심야 방송

- □ スキャンダル 스캔들
- □ 記者会見きしゃかいけん 기자 회견
- □ 宣伝せんでん 선전
- □ 広告こうこく 광고

- □ 俳優はいゆう 배우
- □ 男優だんゆう 남자 배우
- □ 女優じょゆう 여자 배우
- □ 新人しんじん 신인

- □ 演技えんぎ 연기
- □ 連続れんぞくドラマ 연속극
- □ 時代劇じだいげき 사극
- □ 大河たいがドラマ 대하 드라마
- □ 衣装いしょう 의상
- □ 撮影さつえい 촬영
- □ 実話じつわ 실화
- □ 声優せいゆう 성우
- □ 字幕じまく 자막

- □ 可愛かわいらしい 귀엽다
- □ セクシーだ 섹시하다
- □ 美男子びなんし/びだんし 미남
- □ 筋肉質きんにくしつだ 근육질이다
- □ 体格たいかくがいい 체격이 좋다
- □ 派手はでだ 야하다, 화려하다
- □ 紳士的しんしてきだ 신사적이다

KANJI

冷蔵庫	れいぞうこ 냉장고	姉妹	しまい 자매
往復	おうふく 왕복	宗派	しゅうは 종파
競争	きょうそう 경쟁	司令官	しれいかん 사령관
銀行	ぎんこう 은행	森林	しんりん 삼림
消毒	しょうどく 소독	地帯	ちたい 지대
預金	よきん 예금	太陽系	たいようけい 태양계
訓練	くんれん 훈련	提案	ていあん 제안
憲法	けんぽう 헌법	程度	ていど 정도
幸福	こうふく 행복	天皇	てんのう 천황
穀物	こくもつ 곡물	灯台	とうだい 등대
混血児	こんけつじ 혼혈아	独特	どくとく 독특
自己	じこ 자기	内容	ないよう 내용
指導	しどう 지도	納得	なっとく 납득

LESSON 10

학습목표

쇼핑에 관해 이야기하기

ショッピング

주요문형 1 いろんな物を見るには便利です。

주요문형 2 日によっては掘り出し物が見つかります。

주요문형 3 ついつい買いすぎちゃうんです。

주요문형 4 あまりにも人が多すぎて大変です。

DIALOGUE

mp3 37

田中：朴さんは東京でショッピングする時は
普通デパートに行く方ですか。

朴：いいえ、私はデパートより上野のアメ屋横丁に行く方です。

田中：へー、デパートの方がいろんな物を見るには
便利じゃないですか。

朴：それは、そうなんですけど
南大門市場が恋しいときは必ず行くんです。

田中：なるほど、確かにアメ横の雰囲気って
南大門市場に似ていますね。

朴：そうなんです。日によっては掘り出し物や激安の食べ物
なんかも見つかったりして…。
そこに行くとついつい買いすぎ
ちゃうんですよ。

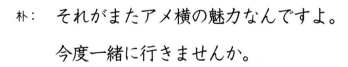

田中：でも、年末なんかに行くと
あまりにも人が多すぎて
大変ですよね。

朴：それがまたアメ横の魅力なんですよ。
今度一緒に行きませんか。

단어　市場いちば 시장 | 恋こいしい 그립다 | 確たしかに 확실히 | 似にている 비슷하다, 닮았다 | 魅力みりょく 매력

1 アメ屋横丁(やよこちょう)

東京都台東区上野(とうきょうとだいとうくうえの)에 있는 시장으로, 식품과 잡화 등을 파는 도매상들이 나란히 줄지어 있다.

2 ～には

「동사 기본형 + には」의 형태로, '～하기에는'의 뜻이다.

예 図書館は勉強するには最適なところである。
彼は結婚するにはまだ幼すぎる。

cf) この製品は見た目にはよく見えるが質がよくない。이 제품은 보기에는 좋지만 질이 떨어진다.

3 なるほど

맞장구칠 때의 말로, '과연, 하긴, 그래' 등의 뜻이다.

cf) さすが 칭찬할 때의 말. 과연, 역시

4 掘り出し物(ほりだしもの)

뜻밖에 얻은 진귀한 물품이나 싸게 사들인 물건

5 激安(げきやす)

엄청 싸다

cf) 激辛(げきから) 엄청 맵다

SENTENCE

～によって	～에 의해, ～에 따라, ～로 인해
ついつい	무의식중에, 무심코, 그만
あまりにも～すぎる	너무 ～하다, 지나치게 ～하다

■～によって

· 地震によって多くのビルが倒壊した。
· 食べ物の好みは人によって違いますよ。
· 日本語の実力はどのぐらい勉強したかによって決まります。

■ついつい[つい]

· 友達と一緒にいるとついつい話しすぎてしまいます。
· カクテルはついたくさん飲んでしまう飲み物です。
· 人のいないところでつい他人の悪口を言ってしまうのが私の悪い癖です。

■あまりにも～すぎる

· 鈴木さんはあまりにも素直すぎて[素直で]、人に馬鹿にされている。
· 今日はあまりにも暑すぎて、アイスキャンディーを10個も食べてしまった。
· 昨日あまりにもお金を使いすぎたので、母にしかられてしまった。

단어　倒壊とうかい 무너져 부서짐 | 好このみ 기호, 취향 | 癖くせ 버릇 | 素直すなお 순진함 | 馬鹿ばかにされる 바보 취급 당하다

EXERCISE

mp3 38

1

A: ハングルは世宗大王によって作られたんですか。

B: はい、世宗大王によって作られたんです。

1. 日本語、地域、言葉やアクセントが違う
2. 韓国の大統領、国民選挙、決められる
3. あなたの会社、能力、給料が変わってくる

mp3 39

2

A: 長く運転するとついつい眠くなってしまうんです。

1. ショッピングする、買いすぎる
2. ゲームをする、時間が経つのを忘れる
3. 人を愛する、周りが見えなくなる

mp3 40

3

A: うちの夫、毎日ビールを5本も飲むんです。

B: それはあまりにも飲みすぎじゃないですか。

1. 一ヶ月におこづかいを10万円も使う
2. 毎日テレビを4時間も見る
3. 毎日たばこを二箱以上も吸う

단어　地域ちいき 지역 | アクセント 악센트 | 国民選挙こくみんせんきょ 국민 선거 | 能力のうりょく 능력 | 給料きゅうりょう 급여 | 経たつ (시간이) 경과하다, 지나다 | 二箱ふたはこ 두 갑

FREE TALKING

다음 질문을 하고 상대방의 대답을 적어 보세요.

- あなたは一人でショッピングをすることがありますか。
  また、どんな時に一人でしますか。
- あなたは主にクレジットカードを使ってショッピングをしますか。
  クレジットカードの良い点と悪い点は何だと思いますか。
- あなたはブランド物を買う場合、どんな物を買いますか。
- あなたは物によってショッピングする場所を変える方ですか。
  それとも、同じ場所で買う方ですか。
- あなたは今まで物を買った後、後悔したことがありますか。
- あなたは今までだまされて物を買わされたことがありますか。
- あなたはご両親や兄弟または彼氏、彼女の誕生日に
  どんな物をあげたことがありますか。

VOCABULARY

□ クレジットカード	신용카드
□ 後払あとばらい	후불
□ 前払まえばらい	선불
□ 現金げんきん	현금

□ 繁華街はんかがい	번화가
□ 地下街ちかがい	지하상가
□ 商店街しょうてんがい	상점가
□ 安物やすもの	싸구려
□ 高級品こうきゅうひん	고급품
□ ブランド物もの	브랜드
□ ディスカウントショップ	할인 판매점

□ 節約せつやく	절약
□ へそくり	비상금
□ 衝動買しょうどうがい	충동구매
□ 無駄遣むだづかい	낭비
□ 借金しゃっきんする	빚지다
□ 後悔こうかいする	후회하다

□ 掃除そうじ	청소

□ ウィンドーショッピング	윈도쇼핑
□ ホームショッピング	홈쇼핑

□ 通信販売つうしんはんばい	통신 판매
□ カタログ販売はんばい	카탈로그 판매
□ 返品へんぴん	반품
□ 分割ぶんかつ	분할

□ レシート	리시트, 영수증
□ 領収書りょうしゅうしょ (=領収証りょうしゅうしょう)	영수증
□ 包装紙ほうそうし	포장지
□ ビニール袋ぶくろ	비닐봉지
□ バーゲンセール	바겐세일
□ 気きに入いらない	마음에 안 들다
□ まける	(가격을) 깎다
□ ちらし	전단지

KANJI

商業	しょうぎょう 상업	採集	さいしゅう 채집
肥満	ひまん 비만	才能	さいのう 재능
大統領	だいとうりょう 대통령	山脈	さんみゃく 산맥
副社長	ふくしゃちょう 부사장	子孫	しそん 자손
弁護士	べんごし 변호사	支柱	しちゅう 지주
牧場	ぼくじょう 목장	耳鼻科	じびか 이비인후과
未完成	みかんせい 미완성	就職	しゅうしょく 취직
名称	めいしょう 명칭	受賞	じゅしょう 수상
悲鳴	ひめい 비명	授業	じゅぎょう 수업
曲芸	きょくげい 곡예	常設	じょうせつ 상설
個人	こじん 개인	印象	いんしょう 인상
権利	けんり 권리	清潔	せいけつ 청결
湖水	こすい 호수	宣伝	せんでん 선전

LESSON 11

학습목표
시골과 도시 생활에 관해 이야기하기

田舎と都会

주요문형1 年取ってからもずっと東京で暮らします。

주요문형2 田舎に引っ越したとたんに無能力者になります。

주요문형3 やっぱり理想と現実は違うわよね。

주요문형4 困ったときはお互い助け合うんだって。

주요문형5 一生懸命お金稼いで老後の準備をします。

DIALOGUE

mp3 41

スジン：マサト。マサトは年取ってからもずっと東京で暮らすつもりなの？

マサト：そうだね。老後は田舎で暮らしたいって思うけど、東京育ちの僕が田舎に引っ越したところで、農業も日曜大工もできないし…。田舎に引っ越したとたんに無能力者になってしまうようで怖い感じがするよ。

スジン：やっぱり理想と現実は違うわよね。

マサト：でも、田舎に住んでる知人にいろいろ聞いたところ、田舎の人達は何と言っても困ったときはお互い助け合うんだって。

スジン：そうなんだ。やっぱり人情味があるのね。よし。今日から一生懸命お金稼いで老後の準備をするわ。

マサト：三日坊主にならないようにね。

단어 暮くらす 살다 | 老後ろうご 노후 | 農業のうぎょう 농업, 농사 | 日曜大工にちようだいく 일요일 같은 휴일에 자기 집을 수리하는 일, 또는 그 사람 | 無能力者むのうりょくしゃ 무능력자 | 理想りそう 이상 | 現実げんじつ 현실 | 人情味にんじょうみ 인정미 | 三日坊主みっかぼうず 작심삼일

1 年を取る

나이가 들다, 나이를 먹다

※「取る」는 타동사이기 때문에「年が取る」처럼 쓰지 않도록 주의한다.

2 わ

종조사「わ」는 주로 여자가 쓰는 조사이다.

3 ～合う

「동사의 ます형 + 合う」의 형태로, '서로 ～하다'의 뜻이다.

예 愛し合う 서로 사랑하다 / 押し合う 서로 밀다

4 ～って

'～한대, ～이래'와 같이 '전문(轉聞)'의 의미를 지닌다.

예 あの人、外国人だって。저 사람, 외국인이래.

田中さん、来週の遠足に行くって。다나카 씨, 다음 주에 가는 소풍에 간대.

5 お金を稼ぐ(かせ)

'돈을 벌다'의 의미인데,「稼ぐ」는 땀을 흘리며 고생하면서 돈을 버는 느낌이 강하다.

cf) お金をもうける 노동을 안 해도 이익을 얻는 경우

예 宝くじでお金をもうける 복권으로 돈을 벌다

株でお金をもうける 주식으로 돈을 벌다

不動産でお金をもうける 부동산으로 돈을 벌다

SENTENCE

~(た)ところで	~해 봤자
~(た)とたん(に)	~하자마자, ~한 순간
~(た)ところ	~해 봤더니

■ ~(た)ところで

- 今さら薬を飲んだところで手遅れだ。
- 田中さんに言ったところでどうしようもない。
- 君があやまったところでこの事件は解決しない。

■ ~(た)とたん(に)

- お金の話しを出したとたんに、父は怒り出した。
- そのどろぼうは店を出たとたん、走り出した。
- 新製品を売り出したとたん、売り切れになった。

■ ~(た)ところ

- 学校に行ったところ、だれもいなかった。
- 田中さんが出るかと思って電話したところ、彼のお母さんが出た。
- 先生に翻訳をお願いしたところ、引き受けてくださった。

단어 **手遅**ておく**れ** 때를 놓침 | **あやまる** 사과하다 | **解決**かいけつ 해결 | **どろぼう** 도둑 | **新製品**しんせいひん 신제품 | **売**う**り切**き**れ** 품절 | **翻訳**ほんやく 번역 | **引**ひ**き受**う**ける** (책임이나 역할 등을) 떠맡다

EXCERCISE

mp3 42

1

A: 今から頑張れば公務員の試験に受かるかな。

B: 今から頑張ったところで、試験になんか受かりませんよ。

1. 彼女にあやまる、許してもらえる
2. 毎週宝くじを買う、一等が当たる
3. ダイエットする、一ヶ月に10キロやせられる

mp3 43

2

A: 鈴木さんは母親の顔を見たとたん、いきなり泣き出しました。

1. 桜の木の下にござをしく、雨が降ってくる
2. 田中さんは大きくくしゃみをする、コーヒーカップを落としてしまう
3. 佐藤さんは東京大学に受かる、その日から全く勉強しなくなる

mp3 44

3

A: 田中さん、今どこにいるか分かりますか。

B: 鈴木さんに聞いたところ、トイレにいるそうです。

1. 田中さんの携帯に電話する、今外回り中
2. 部長に聞く、今出張中
3. 受付けに聞く、お客さんの接待をしている

단어 許ゆるしてもらう 용서받다 | 一等いっとうが当あたる 일등에 당첨되다 | ござをしく 돗자리를 깔다 | くしゃみ 재채기 | 外回そとまわり 외근 | 受付うけつけ 손님을 안내하는 곳 | 接待せったい 접대

FREE TALKING

다음 질문을 하고 상대방의 대답을 적어 보세요.

- もしあなたが年を取ってから住むなら
  都会と田舎とどちらがいいと思いますか。

- あなたは田舎に住んだことがありますか。
  田舎生活はどんな生活だと思いますか。

- あなたは標準語が話せますか。
  また、反対にどこの方言でも話せますか。

- ソウルで他の地方の方言を話すとソウルの人はどう思うでしょうか。

- あなたが住んでいる市や町について自慢話や紹介などをしてください。

- 都会に住んでいるおじいさん、おばあさんと
  田舎に住んでいるおじいさん、おばあさんとでは
  何か生活のパターンや一日の過ごし方が違うでしょうか。

VOCABULARY

- □ 進学しんがく 진학
- □ 就職しゅうしょく 취직
- □ 上京じょうきょう 상경
- □ 転勤てんきん 전근
- □ 引ひっ越こし 이사
- □ 転校てんこう 전학
- □ 通学つうがく 통학

- □ 水道すいどう 수도
- □ 電気でんき 전기
- □ 水洗すいせんトイレ 수세식 화장실
- □ 汲取式便所くみとりしきべんじょ 재래식 변소

- □ 流行りゅうこう 유행
- □ 流行はやる 유행하다
- □ 老後ろうご 노후
- □ 文化ぶんか 문화

- □ 自然しぜん 자연
- □ 空気くうき 공기
- □ 息抜いきぬき 숨 돌리기
- □ 田舎者いなかもの 시골사람, 촌놈
- □ 澄すんでいる (공기나 물 등이) 맑다

- □ 海辺うみべ 바닷가
- □ 裏山うらやま 뒷산
- □ 畑はたけ 밭
- □ 田たんぼ 논
- □ 畑はたけを耕たがやす 밭을 갈다
- □ 農家のうか 농가
- □ 農業のうぎょうを営いとなむ 농사를 짓다
- □ 田園住宅でんえんじゅうたく 전원주택
- □ 人情にんじょう 인정

- □ 情じょうが薄うすい 정이 없다

- □ 銭湯せんとう 목욕탕
- □ インターネットカフェ PC방
- □ 舗装道路ほそうどうろ 포장도로
- □ 遊園地ゆうえんち 유원지

- □ 理想りそう 이상
- □ 現実げんじつ 현실

KANJI

創造	そうぞう 창조	恩師	おんし 은사
尊敬	そんけい 존경	事実	じじつ 사실
条約	じょうやく 조약	漢字	かんじ 한자
討論	とうろん 토론	希望	きぼう 희망
認識	にんしき 인식	救助	きゅうじょ 구조
燃焼	ねんしょう 연소	兼任	けんにん 겸임
標準語	ひょうじゅんご 표준어	講演	こうえん 강연
10秒	じゅうびょう 10초	効果	こうか 효과
速度	そくど 속도	航海	こうかい 항해
貧富	ひんぷ 빈부	耕作	こうさく 경작
豊富	ほうふ 풍부	構造	こうぞう 구조
綿織物	めんおりもの 면직물	参考書	さんこうしょ 참고서
礼拝堂	れいはいどう 예배당	支持	しじ 지지

LESSON 12

학습목표

교통에 관해 이야기하기

交通

주요 문형 1 年々車も増える一方です。

주요 문형 2 ガソリン代も馬鹿にならないんです。

주요 문형 3 いくら速いからと言って必ずしもいいとは言えないよ。

주요 문형 4 マイカー通勤なんだから安全運転しないと。

주요 문형 5 安全運転にはいつも心掛けているよ。

DIALOGUE

mp3 45

スジン：マサトは会社まで何で行ってるの？

マサト：僕は会社までマイカー通勤なんだ。

スジン：そう。年々車も増える一方だから、
朝は超渋滞するんじゃない？

マサト：ずっと渋滞するわけじゃなくて、
渋滞する区間が決まっているんだ。

スジン：でも、ガソリン代も馬鹿にならないし、
それに運転すると疲れるし。

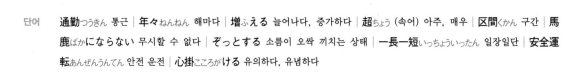

マサト：うん。でも電車がいくら速いからと言って必ずしもいいとは言えないよ。
だってあのすし詰めの電車、
考えただけでもぞっとするもん。

スジン：まあ、車も電車も一長一短があるからね。とにかく、
マサトはマイカー通勤なんだから安全運転しないと。

マサト：うん、安全運転にはいつも心掛けているよ。

단어　**通勤**つうきん 통근 | **年々**ねんねん 해마다 | **増**ふ**える** 늘어나다, 증가하다 | **超**ちょう (속어) 아주, 매우 | **区間**くかん 구간 | **馬鹿**ばか**にならない** 무시할 수 없다 | **ぞっとする** 소름이 오싹 끼치는 상태 | **一長一短**いっちょういったん 일장일단 | **安全運転**あんぜんうんてん 안전 운전 | **心掛**こころが**ける** 유의하다, 유념하다

1 渋滞(じゅうたい)

'정체, (길이) 막히다'의 뜻이다. 참고로 「停滞(ていたい)」는 교통이 막힐 때는 쓰지 않는다.

2 だって

'그래도, 그렇지만, 그러나, 그것도 그럴 것이'의 뜻으로 회화체에서만 쓰이는 접속사이며, 이유를 설명할 때에 사용한다. 뒤에 자주 「から」, 「もの」가 들어간다.

예 あれ、今日は珍しくスーツ着てきたの？ どうして？
어? 오늘은 웬일로 정장을 입고 온 거야? 무슨 일이야?
だって、今日お見合いがあるからね。그게, 오늘 맞선이 있거든.

3 すし詰(づ)め

초만원 상태

예 すし詰(づ)めの列車 콩나물시루 같은 열차 안

4 ～もん

「だって」, 「でも」 등의 뒤에 붙어 '～한걸 뭐, ～한걸요'의 의미를 지닌다.

예 だって、まだ子供だもん。하지만, 아직 아이인걸, 뭐.
でも、きらいなんだもん。하지만, 싫은걸요.

5 ～しないと

'～해야지'의 뜻으로 뒤에 「いけない」가 생략되어 있다.

SENTENCE

～一方だ 자꾸 ~하기만 하다
～わけではない ~인 것은 아니다
必ずしも～とは言えない[限らない] 반드시 ~라고는 할 수 없다

■～一方だ

· 私の国では交通事故は年々増加する一方です。
· 彼女は病気のためにどんどんやせる一方です。
· 世界の自然はどんどんなくなる一方です。

■～わけではない

· 私は運転ができないわけではないですが、下手です。
· 彼女は決して美しいわけではないですが、魅力のある人です。
· 私は頭が良いわけではないですが、いつも努力する方です。

■必ずしも～とは言えない[限らない]

· 必ずしも雨の日の運転が危ないとは限らない。
· 大きい車が必ずしもいいとは言えない。
· ベストドライバーだからと言って、必ずしも事故を起こさないとは限らない。

단어 **増加**ぞうか 증가 | **病気**びょうき 병 | **どんどん** 힘차게 계속 되는 모양 | **世界**せかい 세계 | **自然**しぜん 자연 | **なくなる** 없어지다 | **危**あぶ**ない** 위험하다 | **ベストドライバー** 베스트 드라이버

mp3 46

1

A: 最近、環境問題が深刻ですね。

B: そうですね。川の水質もどんどん悪くなる一方ですよね。

1. どんどん自然が破壊される
2. だんだん魚もとれなくなる
3. そのために貴重な動物たちがいなくなる

mp3 47

2

A: 性格がいいと、みんな結婚できるでしょうか。

B: 性格がよくても、みんな結婚できるわけではないと思います。

1. まじめだ、社会的に成功する
2. 真冬に雨が降る、必ず雪に変わる
3. ゆっくり運転する、事故が起こらない

mp3 48

3

A: お金があると、みんな幸せになれるかな。

B: お金があるからと言って、必ずしも幸せになれるとは言えませんよ。

1. 努力する、だれでもお金持ちになれる
2. 両親が歌がうまい、子供も歌が上手
3. 胎教をちゃんとする、みんな頭のいい子供が生まれる

단어 環境かんきょう 환경 | 深刻しんこくだ 심각하다 | 水質すいしつ 수질 | 破壊はかい 파괴 | とる (고기나 동물을) 잡다 | 貴重きちょう 귀중함 | いなくなる 없어지다 | 社会的しゃかいてき 사회적 | 成功せいこう 성공 | 真冬まふゆ 한겨울 | 胎教 たいきょう 태교

FREE TALKING

다음 질문을 하고 상대방의 대답을 적어 보세요.

- 韓国では自動車免許を取るにはどうしたらいいですか。
- 50CC以下のスクーターは免許が要りますか。
- あなたが交通手段の中で一番よく利用している乗り物は何ですか。
- あなたはどんな時にタクシーを利用しますか。
- バスや地下鉄などでこれはちょっと不便だなと思ったことがありますか。
- バスやタクシー、地下鉄の中で
  これはマナー違反ではないかと思うことは何ですか。
- 交通事故を減らすためにはどうしたらいいと思いますか。
- 韓国に来た外国人に韓国の交通ルールや注意点などを
  教えるならどんなことを教えますか。

VOCABULARY

□ 信号しんごう 신호등
□ 赤信号あかしんごう 빨간불
□ 青信号あおしんごう 파란불
□ 交通標識こうつうひょうしき 교통표지
□ 看板かんばん 간판
□ 一方通行いっぽうつうこう 일방통행
□ 交通規則こうつうきそく 교통 규칙
□ 交通渋滞こうつうじゅうたい 교통 체증

□ 車道しゃどう 차도
□ 歩道ほどう 보도
□ 並木道なみきみち 가로수길
□ 四よつ角かど 사거리
□ 交差点こうさてん 교차로
□ 歩道橋ほどうきょう 육교
□ 地下道ちかどう 지하도
□ 横断歩道おうだんほどう 횡단보도
□ 路地ろじ 골목길
□ 高速道路こうそくどうろ 고속도로
□ 踏ふみ切きり 건널목
□ 近道ちかみち 지름길
□ 回まわり道みち 돌아서 가는 길

□ 止とめる 세우다

□ バックする 후진하다
□ 割わりこみ 끼어들기
□ 追おい越こし 추월
□ 右折うせつ 우회전
□ 左折させつ 좌회전
□ 曲まがる 돌다, 꺾다
□ Uターンする 유턴하다
□ ハンドルを回まわす 핸들을 돌리다

□ ひき逃にげ 뺑소니
□ 免許証めんきょしょう 면허증
□ 制限速度せいげんそくど 제한 속도

□ 終点しゅうてん 종점
□ バスターミナル 버스 터미널
□ 駐車場ちゅうしゃじょう 주차장
□ タクシー乗のり場ば 택시 타는 곳
□ 車掌しゃしょう 차장
□ 乗客じょうきゃく 승객
□ 乗のり換かえる 갈아타다

KANJI

姿勢	しせい 자세	平均	へいきん 평균
議員	ぎいん 의원	望遠鏡	ぼうえんきょう 망원경
処理	しょり 처리	保険	ほけん 보험
神聖	しんせい 신성	保存	ほぞん 보존
説明	せつめい 설명	命令	めいれい 명령
増加	ぞうか 증가	服従	ふくじゅう 복종
損害	そんがい 손해	野菜	やさい 야채, 채소
著述	ちょじゅつ 저술	失敗	しっぱい 실패
忠誠	ちゅうせい 충성	宇宙	うちゅう 우주
要求	ようきゅう 요구	永久	えいきゅう 영구
鉄鋼	てっこう 철강	秘密	ひみつ 비밀
賃金	ちんぎん 임금	街路樹	がいろじゅ 가로수
風俗	ふうぞく 풍속	情勢	じょうせい 정세

LESSON 13

학습목표

용돈에 관해 이야기하기

小遣い

주요 문형 1 財布になんと20万円も入ってたんだ。

주요 문형 2 援交してるに違いないわよ。

주요 문형 3 たぶんお金持ちの娘じゃないかな。

주요 문형 4 正直、学生時代僕も何でもやったよ。

주요 문형 5 普通の学生に比べて相当バイトしたと思うよ。

DIALOGUE

mp3 49

マサト：スジン。聞いてよ。

今日電車で女子高生がいきなり財布のお金を

数え始めたんだけど、なんと20万円も入ってたんだ。

スジン：え？ だって高校生でしょ？

だとしたらその子、援交してるに違いないわよ。

マサト：まさか。たぶんお金持ちの娘じゃないかな。

スジン：その子はともかく、最近の子ってお金のためなら

何でもするからね。

マサト：正直、学生時代僕も何でもやったよ。

スジン：え？ まさか、マサト、逆援交したの？

マサト：違うよ。土方、警備員、ウエーターなどなど。

普通の学生に比べて相当バイ

トしたと思うよ。

スジン：何だ。てっきり、マサトも逆援

交してたのかと思っちゃった。

단어 女子高生じょしこうせい 여고생 | 数かぞえる 수를 세다, 헤아리다 | 援交えんこう '원조교제'의 준말 | 逆援交ぎゃくえんこう 원조교제와 반대로 남자가 여자에게 매춘 행위를 하는 것 | 土方どかた 토목 공사장의 막벌이 일꾼, 노가다 | 警備員けいびいん 경비원 | 相当そうとう 상당히

PHRASE

1 いきなり

갑자기, 느닷없이(＝とつぜん、急に)

2 なんと

놀랍게도, 자그마치

예 彼はなんと体重が200キロが超えるそうだ。
あの人はなんと女装した男性だそうだ。

3 ～はともかく

～는 어찌 되었든, ～는 어떻든 간에

예 結果はともかく、私は最善を尽くした。

4 正直

솔직히 말해서(＝正直言って)

5 てっきり

'필시, 틀림없이, 꼭'이란 뜻으로, '반드시 ～라고 생각했지만 사실은 아니었다'라는 의미이다.

예 田中さんはてっきり学生だと思っていました。(틀림없이)
財布をてっきりポケットの中に入れたと思っていました。(확실히)

SENTENCE

~に違いない	~임에 틀림없다
~かな(と思う)	~인가(~일까) 생각하다
~に比べて	~에 비해서

■~に違いない

- 顔が赤く腫れているのを見ると、だれかに殴られたに違いありません。
- 田中さんがあの時部屋にいたので、彼が犯人に違いないです。
- 家のドアが開いているのを見ると、どろぼうが入ったに違いありません。

■~かな(と思う)

- 加藤さんは独身かなと思っていたら、結婚している人だった。
- 今日彼は来ないんじゃないかな。
- 今月はちょっとお小遣い使いすぎたんじゃないかなと思うんだけど。

■~に比べて

- 私のお小遣いは田中さんのお小遣いに比べて少ない方です。
- 韓国に比べて日本の方が人口が多い。
- 日本人の平均身長は韓国の平均身長に比べて低い方だ。

단어　腫はれる 붓다, 부어오르다 | 殴なぐる 세게 때리다, 치다 | 犯人はんにん 범인 | 平均身長へいきんしんちょう 평균 신장

EXERCISE

mp3 50

1

A: 田中さんの顔、真っ赤ですね。

B: そうですね。顔が赤いのを見るとお酒を飲んだに違いないですよ。

1. 怒っている
2. 恥ずかしい
3. 熱がある

mp3 51

2

A: 昨日の慰安旅行に田中さん、どうして来なかったんでしょうか。

B: そうですね。何か急な用事ができたんじゃないかなと思いますよ。

1. 体調がよくない
2. 田中さんの家で何かある
3. 何かそれなりの理由がある

mp3 52

3

A: 田中さん、日本と韓国とは何か違うところがあるでしょうか。

B: そうですね。韓国は日本に比べてスプーンをよく使いますね。

1. 日本人、韓国人 / 少食の方だ
2. 韓国語、日本語 / ストレートな表現が多い
3. 日本の家、韓国の家 / 木造が多い

단어　真まっ赤かだ 새빨갛다 | 怒おこる 화를 내다 | 恥はずかしい 부끄럽다, 창피하다 | 熱ねつ 열 | 慰安いあん 위안 | 体調たいちょう 몸 상태 | 少食しょうしょく 소식 | 表現ひょうげん 표현 | 木造もくぞう 목조

FREE TALKING

다음 질문을 하고 상대방의 대답을 적어 보세요.

- お小遣いをあげるときは月ごとあげるのがいいと思いますか、
  週ごとにあげるのがいいですか。
  また、必要な時にだけあげるのがいいと思いますか。

- 学生時代に、お小遣いを稼ぐために何かしたことがありますか。

- 韓国の子供たちはお年玉をいくらぐらいもらっていますか。
  また、あなたは子供の時、お年玉をもらって何か買った記憶がありますか。

- お金を使いすぎて、親からしかられたことがありますか。

- お金のために援交したり、売春したりしている学生たちを
  あなたはどう思いますか。

- あなたがもし宝くじに当たったらどうしますか。

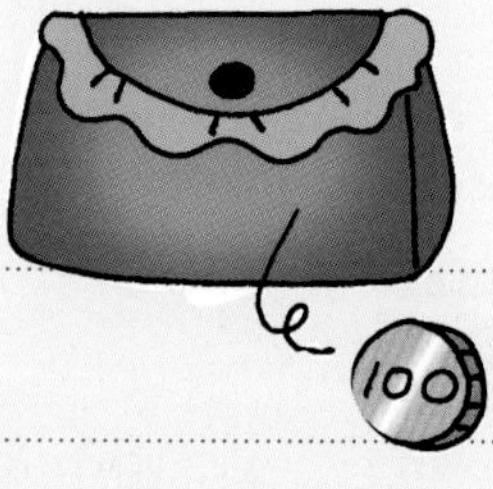

VOCABULARY

□ 前借まえがり
급여나 용돈을 미리 받는 일

□ 用途ようと 용도

□ 本代ほんだい 책값

□ デート代だい 데이트 비용

□ 飲のみ代だい 술값

□ 電話代でんわだい 전화비

□ 交際費こうさいひ 교제비

□ お菓子代かしだい 과자값

□ たばこ代だい 담뱃값

□ 交通費こうつうひ 교통비

□ 食事代しょくじだい 식비

□ へそくり 비상금

□ 駄賃だちん 심부름값

□ 宝たからくじ 복권

□ 競馬けいば 경마

□ ギャンブル 도박

□ 貯金ちょきん 저금

□ お金かねをためる 돈을 모으다

□ 収入しゅうにゅう 수입

□ 支出ししゅつ 지출

□ 赤字あかじ 적자

□ 黒字くろじ 흑자

□ 貸かす 빌려 주다

□ 借かりる 빌리다

□ ウェートレス 웨이트리스

□ 新聞配達しんぶんはいたつ 신문 배달

□ お使つかい 심부름

□ 売春ばいしゅん 매춘

□ チップ 팁

□ 財閥ざいばつ 재벌

□ 貧乏びんぼうだ 가난하다

□ 無駄遣むだづかいをする 낭비하다

□ ぜいたくだ 사치스럽다

□ しかられる/怒おこられる
야단맞다, 혼나다

KANJI

報道	ほうどう 보도	節約	せつやく 절약
推理	すいり 추리	夫婦	ふうふ 부부
地域	ちいき 지역	編集	へんしゅう 편집
着陸	ちゃくりく 착륙	原文	げんぶん 원문
登頂	とうちょう 등정	遊牧	ゆうぼく 유목
統治	とうち 통치	民族	みんぞく 민족
道徳	どうとく 도덕	臨時	りんじ 임시
努力	どりょく 노력	王宮	おうきゅう 왕궁
内閣	ないかく 내각	簡潔	かんけつ 간결
組織	そしき 조직	理由	りゆう 이유
統制	とうせい 통제	看板	かんばん 간판
熱心	ねっしん 열심	危険	きけん 위험
遺言	ゆいごん 유언	気球	ききゅう 기구

LESSON 14

학습목표

주택 사정에 관해 이야기하기

住宅事情

주요문형 1 家賃が高いから自分の家がないと何かと不安よね。

주요문형 2 25年ローンを組まないといけない。

주요문형 3 借家にしても、持ち家にしても金銭的な負担は同じだ。

주요문형 4 それもスジンの努力次第だよ。

주요문형 5 これと言った仕事には就けないだろう。

DIALOGUE

mp3 53

スジン：日本は家賃が高いから自分の家がないと何かと不安よね。

マサト：でも、家買うといっても25年ローンを組まないと

いけないから、そう考えると気が遠くなるよ。

年取ってもずっと働けるという保障もないし。

スジン：借家にしても、持ち家にしても金銭的な負担は

同じだよね。とにかく、仕事だけでも定年まで

できることを望むばかりよ。

マサト：それもスジンの努力次第だよ。

リストラされないよう頑張ろうよ。

スジン：やっぱり私も年取ったら韓国に帰りたいな。

これと言った仕事には就けないだろうけど。

マサト：その気持ち分かるよ。

人間って、そんなものだと思

うよ。

年取ったら韓国に遊びに行く

からその時はよろしくね。

단어　何なにかと 여러 가지로, 이것저것으로 | 家賃やちん 집세 | 借家しゃくや 셋집 | 負担ふたん 부담 | 定年ていねん 정년 | リストラ 정리해고, 구조조정 | 仕事しごとに就つく 취직하다

PHRASE

1 ローンを組(く)む

「ローン」은 영어의 loan으로 '주택 자금 대출 계획을 잡다'의 뜻이며, 「組(く)む」는 '(계획 등을) 짜다'를 뜻한다.

2 気が遠くなる

양이 많거나, 작업이 복잡하거나, 내용이 너무 어려워서 따라가지 못한다는 느낌을 준다.

예 あまりにも宿題が多くて、気が遠くなってしまう。
숙제가 너무 많아서 엄두가 안 난다.

3 保障(ほしょう)

보장 **cf)** 保証(ほしょう) 보증

4 持ち家

'자기 집, 소유하고 있는 집'의 의미로, 발음은 「もちや」, 「もちいえ」 두 가지가 있다.

5 ～ばかり

「동사의 기본형 + ばかり」의 형태로, '～할 뿐이다'를 의미한다.

예 連絡が取れないので、彼から電話がくるのを待つばかりだ。

SENTENCE

～にしても～にしても	～든 ～든
～次第	～나름이다, ～대로
これと言った	이렇다 할

■～にしても～にしても[～にせよ～にせよ/～にしろ～にしろ]

· 行くにしても行かないにしても連絡はしてください。
· A大学に入るにしてもB大学に入るにしても相当なお金がかかります。
· 佐藤さんの作品は高いにしても安いにしても手に入れたいです。

■～次第

· あなたが成功するかしないかはあなたの努力次第です。
· 田中さんの手紙が届き次第、教えてください。
· 天候次第では試合が中止になることもあります。

■これと言った

· 私はこれといった趣味がありません。
· 鈴木さんはこれといった特徴がありません。
· 10年ぶりに会った友達だったけど、これといった話題がなかったのですぐ帰ってきた。

단어　作品さくひん 작품 | 手てに入いれる 손에 넣다 | 成功せいこう 성공 | 届とどく (보낸 물건이) 도착하다 | 天候てんこう 날씨 | 試合しあい 시합 | 中止ちゅうし 중지 | 特徴とくちょう 특징 | 話題わだい 화제

EXERCISE

mp3 54

1

A: 成功するにせよ、失敗するにせよベストを尽くすべきです。

1. ビジネスをする、様々な交際をする、マナーを守るべきだ
2. 飲み会に行く、行かない、連絡はしてください
3. 盗み、詐欺、犯罪には変わりない

mp3 55

2

A: 努力次第で人生は変えられます。

1. お金、この世の中はどうにでもなると考えている人がいる
2. 料理の材料の使い方、こんなにもおいしく食べられるものだ
3. 勉強の仕方、成績が変わる場合もある

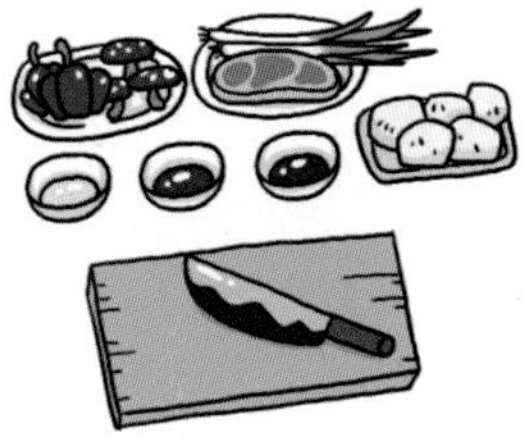

mp3 56

3

A: 得意な料理は何ですか。

B: そうですね。これと言った得意な料理はないですね。

1. 18番
2. 特技
3. 夢

단어　ベストを尽くす 최선을 다하다 | 飲のみ会かい 술을 마시는 회식 | 盗ぬすみ 도둑질 | 詐欺さぎ 사기 | 犯罪はんざい 범죄 | 材料ざいりょう 재료 | 仕方しかた 방법, 수단 | 成績せいせき 성적 | 特技とくぎ 특기 | 夢ゆめ 꿈

FREE TALKING

다음 질문을 하고 상대방의 대답을 적어 보세요.

- 今まで何回ぐらい引っ越しをしたことがありますか。
  また、引っ越しするときにかかる費用はどのぐらいですか。

- 日本は地震の多い国ですが、それについてあなたはどう思いますか。
  また、地震が起こったらどうしたらいいでしょうか。

- 今まで泥棒に入られたことがありますか。
  ある人はそのときの状況を説明してください。

- アパートに住む場合、どんな便利な点あるいはどんな不便な点があると思いますか。（一戸建て住宅も考えてみましょう。）

- 韓国では近所の人たちとの付き合いをどうやってしていますか。

- アパートや家などでマナー違反だと思うことがあったら話してください。

VOCABULARY

- □ 住宅街じゅうたくがい　주택가
- □ マンション　맨션
- □ 一戸建いっこだて　단독주택
- □ 高層こうそうアパート　고층 아파트
- □ 家賃やちん　집세
- □ 敷金しききん　임대 보증금
- □ 礼金れいきん
  임대시 소유자에게 지불하는 사례금
- □ ローンを返済へんさいする
  대출금을 갚다

- □ 別荘べっそう　별장
- □ 公園こうえん　공원
- □ ファミリーレストラン　패밀리 레스토랑
- □ コンビニ　편의점
- □ 駐車場ちゅうしゃじょう　주차장
- □ ごみ収集日しゅうしゅうび
  쓰레기를 수거하는 날

- □ 燃もえるごみ　타는 쓰레기
- □ 燃もえないごみ　타지 않는 쓰레기

- □ 交通こうつうの便べんがいい
  교통편이 좋다
- □ 通勤つうきん　통근
- □ 最寄もよりの駅えき　가장 가까운 역

- □ 床ゆか　마루
- □ 壁かべ　벽
- □ 天井てんじょう　천장
- □ 廊下ろうか　복도
- □ 階段かいだん　계단
- □ 居間いま　거실
- □ 応接間おうせつま　응접실
- □ 押おし入いれ　벽장, 반침
- □ 台所だいどころ　부엌
- □ 洗面所せんめんじょ　세면장
- □ 下駄箱げたばこ　신발장
- □ 流ながし台だい　싱크대
- □ 冷蔵庫れいぞうこ　냉장고
- □ 風呂場ふろば　욕실

- □ 一人ひとり暮ぐらし　혼자 삶
- □ 生計せいけいを立たてる　생계를 꾸리다
- □ プライバシーを守まもる
  프라이버시를 지키다
- □ 泥棒どろぼうが入はいる　도둑이 들다

KANJI

協力	きょうりょく 협력	分担	ぶんたん 분담
障害	しょうがい 장애	発揮	はっき 발휘
警告	けいこく 경고	半径	はんけい 반경
接近	せっきん 접근	虫歯	むしば 충치
劇的	げきてき 극적	配達	はいたつ 배달
優勢	ゆうせい 우세	洋酒	ようしゅ 양주
呼吸	こきゅう 호흡	割引	わりびき 할인
雑誌	ざっし 잡지	安易	あんい 안이
序章	じょしょう 서장	批判	ひはん 비판
深夜	しんや 심야	当番	とうばん 당번
武器	ぶき 무기	感傷的	かんしょうてき 감상적
操縦	そうじゅう 조종	逆転	ぎゃくてん 역전
打開	だかい 타개	紅茶	こうちゃ 홍차

LESSON 15

학습목표

스트레스에 관해 이야기하기

ストレス

주요문형 1 ふろしき残業させられているし、たまらないわよ。

주요문형 2 上司に聞いた上で実行すべきなのに。

주요문형 3 会社に大きな損害を被らせてしまった。

주요문형 4 ストレス解消に一杯つきあってくれない？

주요문형 5 ストレスって「万病のもと」って言われている。

DIALOGUE

mp3 57

マサト：スジン、この頃ストレスたまってるみたいだけど、大丈夫？

スジン：実はふろしき残業させられている上に上司からは部下のことでがみがみ言われるし、まったくたまらないわよ。

マサト：でも、何で部下のことでしかられなきゃいけないの？

スジン：普通部下って上司に聞いた上で実行すべきなのに、うちの部下って勝手に行動しちゃって会社に大きな損害を被らせてしまったのよ。

マサト：やっぱり中間管理職って上司と部下にはさまれて大変だよね。

スジン：マサト。話のついでにストレス解消に一杯つきあってくれない？

マサト：喜んで。
ストレスって「万病のもと」って言われているからね。

スジン：よーし。
今日はとことん飲むわよ！

단어　ふろしき残業ざんぎょう 회사에서 하던 일을 집에까지 가져가서 함 | 上司じょうし 상사 | 部下ぶか 부하 | がみがみ 심하게 꾸짖는 모양 | 実行じっこう 실행 | 勝手かってに 멋대로, 마음대로 | 行動こうどう 행동 | 中間管理職ちゅうかんかんりしょく 중간 관리직 | はさむ 끼우다 | 喜よろこんで 기꺼이 | 万病まんびょうのもと 만병의 근원 | とことん 끝까지, 철저하게

1 ストレスがたまる

스트레스가 쌓이다

cf) 雪がつもる 눈이 쌓이다

2 たまらない

참을 수 없다

예 お腹がすいてたまりません。배가 고파서 참을 수가 없습니다.

3 損害(そんがい)を被(こうむ)らせる

손해를 입히다

cf) 損害(そんがい)を被(こうむ)る 손해를 입다

4 ～ついでに

～하는 김에

예 マサコ、駅に行くついでに手紙出してきて。마사코, 역까지 가는 김에 편지를 부쳐 줘.

5 つきあう

일반적으로는 '사귀다'의 뜻으로 쓰이나, '같이 가다'의 뜻도 있다.

예 マサコちゃん、トイレ付き合って。마사코, 화장실 같이 가자.

SENTENCE

～上に	～인데다가
～上で	～하고 나서, ～한 다음에
～と言われている	～라 일컬어지고 있다

■～上に

· 彼は頭も切れる上に運動神経も発達している。
· 日本の夏は蒸し暑い上に湿度も高いです。
· この時計は丈夫な上に質もいいです。

■～上で

· 薬を飲むときは医者に相談した上で飲んだ方がいいと思います。
· よく考えた上でどこの大学に進学するか決めた方がいいです。
· 結婚は親から許しをもらった上でするべきです。

■～と言われている

· ガンの原因の一つはストレスから来ていると言われています。
· ネス湖に恐竜が住んでいると言われています。
· 日本人は働きばちだと言われています。

단어 **運動神経**うんどうしんけい 운동 신경 | **発達**はったつ 발달 | **湿度**しつど 습도 | **質**しつ 질 | **相談**そうだん 상담 | **進学**しんがく 진학 | **原因**げんいん 원인 | **～湖**こ ～호 | **恐竜**きょうりゅう 공룡 | **働**はたら**きばち** 일벌

EXERCISE

mp3 58

1

A: 田中さんってどんな人ですか。

B: そうですね。頭がいい上に仕事もできる人です。

1. ウォンビン、人 / ハンサム、筋肉質
2. 慶州、所 / 静か、お寺が多い
3. 高麗人参、植物 / 動脈硬化を防止する、抗癌剤の役割をする

mp3 59

2

A: 中古車を買おうと思っているんですが、どうしたらいいですか。

B: そうですね。エンジンの状態をよく見た上で買ったらいいですよ。

1. 韓国のバスに乗りたい / 行き先をよく見る、乗ったらいい
2. 韓国の友だちの家を訪問しよう
   / 友だちの家に電話していつ行くか聞く、訪問したらいい
3. 韓国の地下鉄に乗ろう
   / まず行き先のボタンを押す、お金を入れたらいい

mp3 60

3

A: お酒を飲むとき、チャンポンすると悪酔いすると言われている。

1. 韓国の物価に比べて日本の交通費が高い
2. 日本では夜爪を切ると親の死目に会えなくなる
3. 白頭山の天池には何か巨大な生き物が住んでいる

단어　筋肉質きんにくしつ 근육질 | お寺てら 절 | 高麗人参こうらいにんじん 고려인삼 | 動脈硬化どうみゃくこうか 동맥경화 | 防止ぼうし 방지 | 抗癌剤こうがんざい 항암제 | 役割やくわり 역할 | 物価ぶっか 물가 | 爪つめを切きる 손톱을 깎다 | 死目しにめ 임종 | 巨大きょだい 거대 | 生いき物もの 생물

FREE TALKING
다음 질문을 하고 상대방의 대답을 적어 보세요.

- あなたはどんな時、一番ストレスを感じますか。
- あなたのストレス解消法を教えてください。
- あなたはストレスがたまると、どんな症状が起こりますか。
- お酒やたばこでストレスが解消すると思いますか。
- ストレスが原因で起こる病気を挙げてください。
- あなたの睡眠時間はどのぐらいですか。
  また、睡眠時間が短いと次の日どうなりますか。
- 友達関係でストレスを感じるときがありますか。
  ある場合はどんな時ですか。
- 家の中でストレスがたまることがありますか。

VOCABULARY

- ストレスがたまる　스트레스가 쌓이다
- ストレスを受うける　스트레스를 받다
- ストレスを解消かいしょうする　스트레스를 해소하다
- ストレスを発散はっさんする　스트레스를 발산하다
- 気分転換きぶんてんかん　기분 전환
- 疲つかれをとる　피로를 풀다
- 疲つかれがとれる　피로가 풀리다

- 残業ざんぎょう　잔업, 야근
- 過労死かろうし　과로사
- 夫婦ふうふゲンカ　부부싸움
- 欲求不満よっきゅうふまん　욕구 불만
- 倦怠感けんたいかん　권태감
- 通勤つうきんラッシュ　통근 러시
- はげになる　머리가 벗겨지다
- 仮病けびょうを使つかう　꾀병 부리다
- 睡眠すいみん　수면
- 寝不足ねぶそく　수면 부족
- 熟睡じゅくすい　숙면
- 眠ねむりが浅あさい　잠을 깊이 못 자다
- 寝付ねつきが悪わるい　잠들기가 어렵다
- いらいらする　짜증 나다, 안절부절못하다

- 心臓発作しんぞうほっさ　심장 발작
- 拒食症きょしょくしょう　거식증
- 頭痛ずつうがする　두통이 나다
- めまいがする　현기증이 나다
- 食欲しょくよくがない　식욕이 없다
- 夢ゆめを見みる　꿈꾸다
- 悪夢あくむを見る　악몽을 꾸다
- 神経過敏しんけいかびん　신경과민
- 高血圧こうけつあつ　고혈압
- 低血圧ていけつあつ　저혈압
- 汗あせを流ながす　땀을 흘리다

- 精神的せいしんてき　정신적
- 肉体的にくたいてき　육체적
- 余裕よゆう　여유
- 回復かいふく　회복

- 胃腸薬いちょうやく　위장약
- 消化剤しょうかざい　소화제

KANJI

鋼鉄	こうてつ 강철	復帰	ふっき 복귀
訪問	ほうもん 방문	赤外線	せきがいせん 적외선
裁判所	さいばんしょ 재판소	宝石	ほうせき 보석
証言	しょうげん 증언	追放	ついほう 추방
市価	しか 시가	一覧表	いちらんひょう 일람표
資源	しげん 자원	脳裏	のうり 뇌리
開発	かいはつ 개발	演奏	えんそう 연주
磁石	じしゃく 자석	悪寒	おかん 오한
丁重	ていちょう 정중함	温泉	おんせん 온천
蒸発	じょうはつ 증발	海岸	かいがん 해안
将来	しょうらい 장래	景観	けいかん 경관
署名	しょめい 서명	空腹	くうふく 공복
政界	せいかい 정계	救済	きゅうさい 구제

LESSON 16

학습목표

만화에 관해 이야기하기

漫画

주요문형 1 男のくせに「キャンディーキャンディー」なんか見てたの？

주요문형 2 女の子が見るマンガって思われがちだ。

주요문형 3 おもしろいことにメロディーが日本のと同じものが多い。

주요문형 4 歌詞まで同じはずはない。

주요문형 5 韓国語でアニメの主題歌が歌えたらと思う。

DIALOGUE

mp3 61

マサト：小さい頃、個人的に好きだったマンガって何と言っても「銀河鉄道999」や「キャンディーキャンディー」だったな。

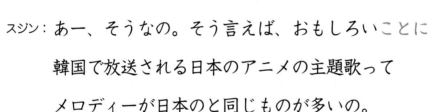

スジン：マサトは男のくせに「キャンディーキャンディー」なんか見てたの？

マサト：「キャンディーキャンディー」って女の子が見るマンガって思われがちだけど、あの当時はほとんどの男の子が見てたよ。

スジン：あー、そうなの。そう言えば、おもしろいことに韓国で放送される日本のアニメの主題歌ってメロディーが日本のと同じものが多いの。

マサト：へー、まさか、歌詞まで同じはずはないよね。

スジン：それが、昔のアニメの中には歌詞もそっくりなものもあるのよ。

マサト：僕も韓国語でアニメの主題歌が歌えたらと思ってるんだ。

スジン：だったら、今度教えるわ。

단어　個人的こじんてき 개인적 | 銀河鉄道999ぎんがてつどうスリーナイン 은하철도999 | 当時とうじ 당시 | 放送ほうそう 방송 | 主題歌しゅだいか 주제가 | まさか 설마 | 歌詞かし 가사

1 小さい頃(ころ)

어릴 때(=幼(おさな)いころ)

2 マンガ

흔히「マンガ」라고 하면 만화책을 말하는 것처럼 생각하기 쉬우나, 텔레비전에서 방송되는 애니메이션도 그냥「マンガ」라고 할 수 있다.

3 ～くせに

「연체형 + ～くせに」의 형태로 써서 '～한데도, ～임에도 불구하고, ～인 주제에'라는 뜻이 된다. 비난의 뜻이 포함되므로 주의한다.

예 金さんは日本語が分からないくせに、日本語の本を何冊も持っている。

4 ～ことに

～하게도

예 ・おどろいたことに 놀랍게도
・悲(かな)しいことに 슬프게도
・皮肉(ひにく)なことに 아이러니하게도
・興味深(きょうみぶか)いことに 흥미롭게도

5 そっくり

꼭 닮았다, 똑같다

예 彼の肖像画は本人とそっくりだ。
그의 초상화는 본인과 똑같다.

SENTENCE

～がち	～하기 쉽다, ～의 경향이 짙다(부정적 이미지)
～はずがない	～할 리가 없다
～たらと思う	～했으면 하다

■～がち

· 彼女はいつも留守がちなので、電話してもいないことが多い。

· 中村君は病気がちなので、みんなと一緒にあまり遊びません。

· 人はお金になるなら何でもできると考えがちですが、世間はそんなに甘くありません。

■～はずがない[～わけがない]

· 生まれてくる子供が男か女かわかるはずがないでしょ。

· 彼女は来るはずがありませんよ。田舎に帰ったんですから。

· あの人はスカートをはいていますから、男のはずがありません。

■～たらと思う

· 来年の春までには結婚できたらと思います。

· 私も田中さんみたいな性格になれたらと思っています。

· 一日も早く日本語が上手になれたらと思っていますが、まだまだ時間がかかりそうです。

단어　留守るす 부재중 | 世間せけん 세간 | 甘あまくない 만만치 않다

EXERCISE

mp3 62

1

A: 田中さんはちょっとしたことがあってもすぐ怒りがちです。

1. 雨上がりの時は電車の中に傘をよく忘れる
2. うちのクラスの金さんは学校をよく休む
3. お金持ちはみんな幸せだと思われる

mp3 63

2

A: 田中さん、なかなか来ないですね。

B: 来るはずがないですよ。先に行きましたから。

1. 日本からの飛行機、到着しない / 一時間遅く出発した
2. この雪、止まない / 大雪警報が出ている
3. 新しいプレステ、値段が下がらない / 人気商品

mp3 64

3

A: 田中さんの将来の希望は何ですか。

B: 私の将来の希望は警察官になれたらと思っています。

1. 今の望み / もっと歌が上手になれる
2. 将来の夢 / スチュワーデスになれる
3. 今年の抱負 / 自分の本を一冊出せる

단어 雨上あめあがり 비가 막 그친 후 | 到着とうちゃく 도착 | 大雪警報おおゆきけいほう 대설경보 | プレステ 플레이 스테이션 | 商品しょうひん 상품 | 希望きぼう 희망 | 警察官けいさつかん 경찰관 | 夢ゆめ 꿈 | スチュワーデス 스튜어디스 | 抱負ほうふ 포부

FREE TALKING

다음 질문을 하고 상대방의 대답을 적어 보세요.

- あなたは漫画をよく読みますか。
  どんな漫画をよく読みますか。
  最近読んだ漫画本は何ですか。

- 今までの漫画やアニメの中で、一番よかったものは何ですか。
  その内容を簡単に説明してください。

- 漫画が人にいい影響を与えるとしたら、どんな点だと思いますか。

- 漫画が悪い影響を与えるとしたら、どんな点だと思いますか。

- 韓国で作られた漫画の中で人気のあった漫画があったら紹介してください。

- 漫画やアニメを見て泣いたことがありますか。
  また、それはどんな内容でしたか。

- どうして日本のアニメが韓国でも人気を得られたと思いますか。

VOCABULARY

□ アニメーション	애니메이션
□ 漫画家まんがか	만화가
□ 四よんコマ漫画	4컷 만화
□ ギャグ漫画	개그 만화
□ サスペンス漫画	서스펜스 만화
□ 風刺ふうし漫画	풍자 만화
□ ホラー漫画	공포 만화
□ ファンタジー漫画	판타지 만화
□ 恋愛れんあい漫画	연애 만화
□ 純情じゅんじょう	순정
□ 少女しょうじょ漫画	소녀 취향 만화
□ 発行部数はっこうぶすう	발행 부수
□ 主人公しゅじんこう	주인공
□ 主題歌しゅだいか	주제가
□ キャラクター	캐릭터
□ コスプレ	코스프레
□ 同好会どうこうかい	동호회
□ 感情かんじょう	감정
□ 純粋じゅんすい	순수
□ 童心どうしんに帰かえる	동심으로 돌아가다
□ 涙なみだが流ながれる	눈물이 흐르다
□ 涙を流す	눈물을 흘리다
□ 感動かんどうする	감동하다
□ 感動的かんどうてきだ	감동적이다
□ 大笑おおわらいする	크게 웃다
□ 刺激的しげきてきだ	자극적이다
□ つまらない	시시하다
□ 飽あきる	싫증나다, 물리다
□ いやらしい	야하다
□ 日刊にっかん	일간
□ 週刊しゅうかん	주간
□ 月刊げっかん	월간

□ 立たち読よみ
책방에서 책이나 잡지 등을 사지 않고 읽는 일

□ オタク
취미 등에 병적으로 빠져서 혼자서 즐기는 사람

KANJI

規模	きぼ 규모	分割	ぶんかつ 분할
体操	たいそう 체조	方針	ほうしん 방침
鉄棒	てつぼう 철봉	母乳	ぼにゅう 모유
仲裁	ちゅうさい 중재	模型	もけい 모형
痛感	つうかん 통감	羊毛	ようもう 양모
伝染	でんせん 전염	時計	とけい 시계
都心	としん 도심	大人	おとな 어른
内蔵	ないぞう 내장	博士	はかせ 박사
除外	じょがい 제외	七夕	たなばた 칠석
肺	はい 폐	眼鏡	めがね 안경
背景	はいけい 배경	放課後	ほうかご 방과 후
閉店	へいてん 폐점	畑	はたけ 밭
部署	ぶしょ 부서	許す	ゆるす 허락하다, 용서하다

LESSON 17

학습목표
건강에 관해 이야기하기

健康

주요 문형 1 もう2年ぐらいかしら。

주요 문형 2 一年ぐらい通ってるだけあって筋肉がついてきた。

주요 문형 3 体が丈夫になるどころか関節を痛めちゃう。

주요 문형 4 何をするにしてもやり過ぎって考えものよね。

주요 문형 5 一度始めたからには地道にこつこつとやる。

DIALOGUE

mp3 65

マサト：スジンは最近健康のために何かやってる？

スジン：うん。美容のためにヨガやってるの。

もう2年ぐらいかしら。マサトは何かやってる？

マサト：僕は一年ぐらい週3回フィットネスクラブに行ってるんだ。

スジン：わー、一年ぐらい通ってるだけあって

筋肉がついてきたって感じね。

マサト：確かに筋肉はつくと思うけど、フィットネスクラブに

長く通うと体が丈夫になるどころか肩やひざの関節を

痛めちゃうから適度にしないとね。

スジン：何をするにしてもやり過ぎって考え物よね。

マサト：でも、一度始めたからには地道に

こつこつとやっていることが健康

維持の秘訣だと思うよ。

スジン：そりゃ、そうよ。

何たって、体が資本だもんね。

단어 美容びよう 미용 | フィットネスクラブ 피트니스 클럽 | 筋肉きんにくがつく 근육이 붙다 | 肩かた 어깨 | ひざ 무릎 | 適度てきどだ 적당하다, 알맞다 | 考かんがえ物もの 잘 생각해야 할 일, 문제 | 地道じみちに 착실하게, 꾸준히 | 維持いじ 유지 | 秘訣ひけつ 비결 | そりゃ それは의 준말 | 資本しほん 자본

1 ～かしら

주로 여성이 쓰는 말로서 '～일까?'의 의미이다. 참고로, 「かな」는 남녀 공통으로 쓰인다.

2 関節(かんせつ)を痛(いた)める

관절을 다치다

cf) ・腹を痛めた子供 배 아파 낳은 자식 ・頭を痛める 골머리를 앓다

・心を痛める 상심하다 ・胃を痛める 위를 상하다

3 やり過(す)ぎ

「ます형＋過ぎ」의 형태로, '지나치게 ～하다'의 명사형을 나타낸다.

예 ・食べすぎ 과식 ・飲みすぎ 과음

4 こつこつ

쉬지 않고 노력하는 모양

예 こつこつとお金をためる 부지런히 돈을 모으다

5 何(なん)たって

「何と言っても」의 준말로, '뭐라고 해도'라는 뜻이다. 「たって」는 「ても」의 뜻으로 주로 회화에서 쓰인다.)

예 今さら薬飲んだって[飲んでも]治らないよ。이제 와서 약 먹어도 안 나을 겁니다.

SENTENCE

～だけあって	～인 만큼
～どころか	～커녕
～からには	～한 이상은

■～だけあって

· 鈴木さんはイギリスに留学しただけあって英語がペラペラです。

· さすがパクサンミンは歌手だけあって歌がうまい。

· 金さんは２年もフィットネスクラブに通っただけあって筋肉質だ。

■～どころか

· 李さんは健康がよくなるどころか、どんどん悪くなっていった。

· 田中先生は優しいどころか、鬼のような先生だ。

· 彼の行動は親切どころか、ありがた迷惑だ。

■～からには[～以上]

· 旅行社に予約したからには行くべきです。

· 今後お酒を飲まないと約束したからにはそれを守るべきです。

· 学級委員長になったからには責任を持つべきです。

단어 **ペラペラ** 외국어 등을 자유자재로 구사하는 모양, 술술 | **さすが** 역시, 과연 | **ありがた迷惑**めいわく 남의 친절이나 호의가 오히려 지나친 간섭이 되어 난처하게 느껴짐 | **学級委員長**がっきゅういいんちょう 반장 | **責任**せきにん 책임

EXERCISE

mp3 66

1

A: 田中さん、テニス上手ですよね。

B: そうですよね。5年もやっているだけあって本当に上手ですね。

1. 英語がぺらぺら / アメリカの大学を出た
2. 歌がうまい / お父さんが歌手
3. 色の組み合わせが上手 / さすがデザイナー

mp3 67

2

A: 田中さん、元気がないですね。

B: えー、実は昼どころか、朝ご飯も食べていないんです。

1. 親の病気が治る、どんどん悪くなっている
2. 昇進する、リストラになってしまった
3. 彼女と仲直りする、またケンカしてしまった

mp3 68

3

A: 先週からたばこをやめたんだけど、吸いたくてたまらないです。

B: でも、たばこをやめたからには、頑張って禁煙した方がいいんじゃないですか。

1. 先月婚約をした、結婚したくなくなってしまった / 婚約した、結婚する
2. 土曜日の飲み会に行くと言ってある、気が進まない / 約束した、無理してでも行く
3. 医者に食後に薬を飲みなさいって言われる、面倒だ / 医者に言われた、面倒でも飲む

단어　元気げんきがない 기운이 없다 | 昇進しょうしん 승진 | 禁煙きんえん 금연 | 気きが進すすまない 마음이 내키지 않다 | 面倒めんどうだ 귀찮다

FREE TALKING

다음 질문을 하고 상대방의 대답을 적어 보세요.

- 韓国人の平均寿命は何才ぐらいですか。
- どうして女性が、平均寿命が長いと思いますか。
- あなたはどういうところで健康に気をつけていますか。
- あなたはたばこを吸いますか。
  また、たばこを吸うことについてどう思いますか。
- お酒は健康にいいでしょうか。または健康に悪いでしょうか。
- 健康でいるための条件は何だと思いますか。
- あなたは入院したことがありますか。
  ある方はどうして入院しましたか。
- 風邪を引いた時に何かいい特効薬がありますか。

VOCABULARY

- □ 医学いがく 의학
- □ 診断しんだん 진단
- □ 診察しんさつをうける 진찰을 받다
- □ 針治療はりちりょう 침 치료
- □ 手術しゅじゅつ 수술
- □ 注射ちゅうしゃを打うつ 주사를 놓다
- □ 入院にゅういん 입원
- □ 退院たいいん 퇴원
- □ 飲のみすぎ 과음
- □ 喫煙きつえん 흡연
- □ たばこをやめる 담배를 끊다
- □ 禁煙きんえん 금연
- □ 病気びょうきになる 병에 걸리다
- □ 腹痛ふくつうがする 복통이 나다
- □ 風邪かぜをこじらす 감기를 악화시키다
- □ 便秘べんぴ 변비
- □ 癌がん 암
- □ 成人病せいじんびょう 성인병
- □ 太ふとる 살찌다
- □ やせる 살이 빠지다
- □ ダイエット 다이어트
- □ 漢方薬かんぽうやく 한방약
- □ 錠剤じょうざい 알약
- □ 粉薬こなぐすり 가루약
- □ 塗ぬり薬ぐすり 바르는 약
- □ 湿布薬しっぷやく 붙이는 약
- □ 効果こうか 효과
- □ 副作用ふくさよう 부작용
- □ 長生ながいきする 장수하다
- □ 長寿ちょうじゅ 장수
- □ 短命たんめい 단명
- □ 寿命じゅみょう 수명
- □ 余生よせい 여생
- □ 生いきがい 사는 보람
- □ 自然食品しぜんしょくひん 자연식품
- □ 添加物てんかぶつ 첨가물
- □ 色素しきそ 색소
- □ 調味料ちょうみりょう 조미료
- □ 酵素こうそ 효소
- □ 乳酸菌にゅうさんきん 유산균
- □ 含ふくむ 포함하다
- □ 新陳代謝しんちんたいしゃ 신진대사
- □ 規則的きそくてき 규칙적
- □ ストレッチング 스트레칭
- □ 縄跳なわとび 줄넘기
- □ 早寝早起はやねはやおきする 일찍 자고 일찍 일어나다

KANJI

納める	おさめる 납부하다	種類	しゅるい 종류
予定	よてい 예정	株	かぶ 주식
整える	ととのえる 갖추다	破る	やぶる 찢다, 어기다
光栄	こうえい 영광	芽	め 싹
塩	しお 소금	漁師	りょうし 어부
長所	ちょうしょ 장점	貸す	かす 빌려 주다
短所	たんしょ 단점	厳しい	きびしい 엄하다
北極	ほっきょく 북극	倉庫	そうこ 창고
任せる	まかせる 맡기다	犯す	おかす 범하다
疑う	うたがう 의심하다	家賃	やちん 집세
求める	もとめる 구하다	喜ぶ	よろこぶ 기뻐하다
果たす	はたす 다 하다	氷	こおり 얼음
借りる	かりる 빌리다	傷口	きずぐち 상처 부위

LESSON

학습목표

자녀 계획에 관해 이야기하기

18

子供

주요문형 1 最近塾だ何だって何かと教育費がかかるでしょ?

주요문형 2 二人以上産んだらやっていけないわよ。

주요문형 3 一時的なものに過ぎないわよ。

주요문형 4 早く結婚したくてたまらないよ。

주요문형 5 まったく、調子がいいんだから。

DIALOGUE

mp3 69

マサト：スジンは結婚したら何人ぐらい子供がほしいって思ってるの？

スジン：そうね。せいぜい二人ね。というのは、最近塾だ何だって何かと教育費がかかるでしょ？二人以上産んだらやっていけないわよ。

マサト：でも、最近は子供産めば国から援助がおりるって聞いたけど。

スジン：そんな援助なんて一時的なものに過ぎないわよ。でも、やっぱり一人っ子ってさびしいよね。

マサト：うん、僕も二人兄弟だけど弟がいてよかったなってつくづく思うもん。

スジン：そうよね。やっぱり結婚したら最低二人産むことにするわ。

マサト：僕も早く結婚したくてたまらないよ。だれかいい人紹介してくれない？

スジン：まったく、調子がいいんだから。

단어　塾じゅく 학원 | 教育費きょういくひ 교육비 | 一時的いちじてき 일시적 | つくづく 절실히, 정말 | 最低さいてい 최저, 최소한 | まったく 정말로, 참으로(특히 어이가 없을 때)

1 せいぜい

'크게 잡아서, 고작, 기껏해야'의 의미로 「いくら頑張っても～以上は無理だ」라는 뉘앙스가 있다.

예 いくらいいバイトをしても一日せいぜい一万円ほどだ。

2 ～だ何(なん)だって

～니 뭐니 해서

예 最近は不景気だ何だって言いながらボーナスを減らす企業が多い。

3 やっていけない

「生活して行けない」와 같은 말로, 회화에서는 「やっていけない」를 쓰는 경우가 많다.

4 ～てよかった

～하기 잘했다, ～하기 다행이다

예 ソウル大学に合格してよかったです。

5 調子(ちょうし)がいい

'비위를 잘 맞추다, 붙임성이 있다'의 의미이나, 부정적인 뜻이므로 주의한다.

예 あの人はいつも調子のいいことばかり言っています。

SENTENCE

というのは~からだ	왜냐하면 ~때문이다
~に過ぎない	~에 불과하다, ~에 지나지 않다
~てたまらない	(감각, 감정의 뒤에 붙어) ~해서 참을 수 없다

■~というのは~からだ[のだ]

・先生、明日ちょっと授業を欠席させていただきたいんですが。
　というのは、明日田舎から両親が上京してくるんです。
・私は会社まで車では通勤しません。
　というのは、会社のビルの駐車場は有料だからです。
・来週一緒に映画見に行きませんか。というのは、映画の招待券をもらったんです。

■~に過ぎない

・タレントのAさんとBさんが離婚するという話はただの噂に過ぎませんよ。
・大統領も私たちも結局は同じ人間に過ぎません。
・この連続殺人事件は氷山の一角に過ぎません。

■~てたまらない

・正月が近づいてくると母に会いたくてたまりません。
・何かをかむと奥歯が痛くてたまりません。
・日本語を習い始めた頃はおもしろくてたまりませんでした。

단어　上京じょうきょう 상경 | 有料ゆうりょう 유료 | 招待券しょうたいけん 초대권 | 噂うわさ 소문 | 氷山ひょうざんの一角いっかく 빙산의 일각 | かむ 씹다 | 奥歯おくば 어금니

EXERCISE

mp3 70

1

A: 田中さん、今日どうして学校に来なかったんですか。

B: というのは、急にお腹が痛くなってしまったんです。

1. メガネをしている / コンタクトがやぶれちゃった
2. 化粧していない / お肌が荒れてしまった
3. 元気がない / 実は試験に落ちてしまった

mp3 71

2

A: 田中さんのレポートはインターネットの内容をそのまま写したものに過ぎません。

1. 私は10年も同じ会社で働いてきたのにまだ平社員
2. ご飯を食べてすぐ横になると牛になるという話はただの迷信
3. 彼女は本気にしているけどその話はただの冗談

mp3 72

3

A: 田中さん、サッカーを休まずに3時間もしたんですよ。

B: 足が痛くてたまらないでしょうね。

1. カラオケで一人で3時間も歌を歌ったそうだ / のどが痛い
2. 課長に昇進した / うれしい
3. 初めてのお見合いをする / 緊張する

단어　やぶれる 찢어지다 | お肌はだ 피부 | 荒あれる 거칠어지다 | 平社員ひらしゃいん 평사원 | 迷信めいしん 미신 | 本気ほんきにする 진심이라고 믿다

FREE TALKING

다음 질문을 하고 상대방의 대답을 적어 보세요.

- あなたは結婚したら子供を何人ぐらいほしいですか。
  それはどうしてですか。
- あなたが一人だけ子供を産むとしたら男の子がいいですか、
  女の子がいいですか。
- あなたは子供のころ、どんなことをして親や先生からしかられましたか。
- あなたは子供の頃どんな遊びをよくしましたか。
- あなたの小さい頃と今の子供たちと何か違うところがありますか。
- 子供の頃のなつかしい思い出について話してください。
- もしタイムマシーンがあったら、いつの時代に行って
  何をしたり、見たりしたいですか。

VOCABULARY

- □ 核家族かくかぞく　핵가족
- □ 大家族だいかぞく　대가족

- □ 長男ちょうなん　장남
- □ 長女ちょうじょ　장녀
- □ 次男じなん　차남
- □ 次女じじょ　차녀
- □ 一人ひとりっ子こ　독자
- □ 末すえっ子　막내
- □ 双子ふたご　쌍둥이

- □ 出産しゅっさん　출산
- □ 妊娠にんしん　임신
- □ 子供こどもを産うむ　아이를 낳다
- □ おもちゃ　장난감
- □ マタニティードレス　임부복
- □ 安産あんざん　순산
- □ 難産なんざん　난산
- □ 初産しょさん　초산
- □ 流産りゅうざん　유산
- □ ～に似にている　~를 닮다
- □ 遺伝いでん　유전

- □ お弁当べんとう　도시락

- □ かわいい　귀엽다
- □ にくたらしい　밉살스럽다
- □ ふざける　까불다
- □ 甘あまえる　어리광부리다
- □ いたずらっ子　장난꾸러기
- □ がり勉べん　공부벌레
- □ 腕白小僧わんぱくこぞう　개구쟁이 아이
- □ 泣なき虫むし　울보
- □ 弱虫よわむし　겁쟁이
- □ 食くいしん坊ぼう　먹보
- □ 寝ねぼすけ　늦잠꾸러기
- □ ガキ大将だいしょう　골목대장
- □ けちん坊ぼう　구두쇠
- □ 暴あばれん坊ぼう　가만히 있질 않고 싸우거나 장난치거나 하는 활발한 아이
- □ 甘あまえん坊ぼう　응석받이, 응석꾸러기

- □ しかられる　혼나다, 야단맞다
- □ 口答くちごたえ　말대꾸
- □ 親おやの言いうことを聞きかない　부모 말을 듣지 않다

KANJI

迷う	まよう 헤매다	値段	ねだん 가격, 값
包む	つつむ 포장하다	墓	はか 무덤, 묘
停留所	ていりゅうじょ 정류장	訳文	やくぶん 번역문
補う	おぎなう 보충하다	紅葉	こうよう 단풍
資格	しかく 자격	困難	こんなん 곤란
親孝行	おやこうこう 효도	氏名	しめい 성명
認める	みとめる 인정하다	誤る	あやまる 잘못하다, 실수하다
増える	ふえる 늘어나다, 증가하다	成就	じょうじゅ 성취
銭湯	せんとう 목욕탕	炭火	すみび 숯불
拾う	ひろう 줍다	苦難	くなん 고난
胸	むね 가슴	苦笑	くしょう 쓴웃음
車輪	しゃりん 차의 바퀴	砂糖	さとう 설탕
探る	さぐる 살피다, 더듬어 찾다	針	はり 침, 바늘

LESSON

학습목표

인터넷에 관해 이야기하기

19

インターネット

주요문형 1 見も知らぬ女の人と話すのっておもしろいじゃん。

주요문형 2 写真を見せるまでもないんじゃないの？

주요문형 3 送らないわけにはいかないんだよ。

주요문형 4 送るや否や切られちゃうってこともあるよ。

주요문형 5 スジンって、イケメンが好きなんだろ。

주요문형 6 相手のハートなんかわかりっこないよ。

DIALOGUE

mp3 73

スジン: マサトはインターネットでチャットとかよくする？

マサト: うん、ときたまするよ。

見も知らぬ女の人と話すのっておもしろいじゃん。

写真まで交換したりして。

スジン: え？ 自分の写真を相手に見せるまでもないんじゃないの？

マサト: でも、送らないわけにはいかないんだよ。

チャットするかしないか顔見て決めることもあるから。

送るや否や切られちゃうってこともあるよ。

スジン: じゃ、私も一度男の人とチャットやってみようかな。

マサト: スジンって、イケメンが好きなんだろ。

そんな人、探すの大変だよ。

スジン: そんなことないわよ。

男は顔よりハートなんだから。

マサト: ハハハ。

チャットなんかで相手の

ハートなんかわかりっこないよ。

단어 チャット 채팅 | 見みも知しらぬ 전혀 본 적도 없고 모르는 | 交換こうかん 교환 | 切きられる 끊기다 | イケメン 잘생긴 남자

PHRASE

1 ～とか

'～라든지, ～든지'의 뜻이다. 예시적으로 나란히 함께 쓰는 말이지만 일본인의 언어 습관으로서 한 가지만 예를 들어 이야기할 때에도 많이 쓰이고 있다.

예 田中さん、B'zとか知ってる？
日曜日はよくボーリングとかしています。

2 ときたま

'때로는, 이따금'의 의미로 일상회화에서 주로 쓰이며, 「ときどき」보다 빈도가 낮다.

3 ～じゃん

'～잖아'의 뜻으로, 「～じゃない」의 축약형이다. 특히 젊은 사람들이 자주 쓰는 표현이다.

4 ～だろ

'～지?'의 의미로, 「だろう」를 짧게 발음한 것이다. 흔히 「だろう」라고 하면 '추측'의 의미를 연상하지만, 여기서는 '확인'하기 위해서 쓰이는 표현이며 남성어이다.

5 わかりっこない

「わかるわけがない」의 뜻으로 「ます형 + ～っこない」의 형태로 써서, '실현 불가능'을 나타낸다.

예 こんな難しい問題、彼にはできっこないよ。이런 어려운 문제를 그가 알 리가 없지.
そんな甘い話、ありっこないよ。그런 달콤한 얘기는 있을 수 없어.
こんなデザインの物なんか、売れっこないよ。이런 디자인 같은 건 팔릴 리가 없어.

SENTENCE

～までもない	～할 필요도 없다, ～할 것까지도 없다
～わけにはいかない	～할 수는 없다
～や否いなや	～하자마자

■～までもない

· インターネットで犯罪を犯してはならないことは言うまでもないことだ。

· 言うまでもなく、韓国はIT強国である。

· 水銀の危険性については説明するまでもないことだ。

■～わけにはいかない

· 風邪薬を飲んでいるからお酒を飲むわけにはいかない。

· これは企業秘密なので話すわけにはいきません。

· 明日遠足だから寝坊するわけにはいかない。

■～や否や

· オリを開けるや否や、クマが飛び出してきた。

· 彼は映画に出演するや否や、大人気を得た。

· 歌手Bのコンサートのチケットは発売するや否や、売り切れてしまった。

단어　犯罪はんざいを犯おかす 범죄를 저지르다 | 強国きょうこく 강국 | 水銀すいぎん 수은 | 危険性きけんせい 위험성 | 秘密ひみつ 비밀 | 寝坊ねぼうする 늦잠 자다 | オリ 우리 | 飛とび出だす 뛰쳐나오다 | 出演しゅつえん 출연 | 発売はつばい 발매

mp3 74

1

A: スパゲティを食べる時は静かに食べるということは言うまでもないことです。

1. 電車の中で携帯を使うのをひかえる
2. 高速道路では車間距離を十分にあける
3. 風邪を引いた時はお風呂に入ってはいけない

mp3 75

2

A: 今日ちょっと胃の調子が悪いんです。

B: だったら、今日の飲み会でお酒を飲むわけにはいきませんね。

1. 一ヶ月も前から佐藤さんの家に遊びに来てくれと言われている / 彼の家に行かない
2. 社長に明日日本に出張に行ってくれと頼まれた / ことわる
3. 明日までに仕上げなければいけない書類がある / 今日は早く退社する

mp3 76

3

A: 田中さんは私の家に遊びに来るや否や自分の家に帰ってしまいました。

1. 新しい車を買う、一ヶ月もしないうちに故障してしまう
2. 人気歌手が登場する、大きな拍手が起こる
3. 金さんは卒業する、結婚してアメリカに行ってしまう

단어 ひかえる 삼가다, 절제하다 | 車間距離しゃかんきょり 차간 거리 | 仕上しあげる 완성하다 | 書類しょるい 서류 | 退社たいしゃ 퇴근, 퇴사 | 登場とうじょう 등장 | 拍手はくしゅ 박수

FREE TALKING

다음 질문을 하고 상대방의 대답을 적어 보세요.

- インターネットの良い点、悪い点は何だと思いますか。
- あなたは今までインターネットショッピングをしたことがありますか。
  ある場合はどんな物を買いましたか。
- インターネットショッピングの利点と不便な点は何だと思いますか。
- あなたは日本人とチャットをしたことがありますか。
- あなたはインターネットのあるサイトを通じて映画や音楽を
  不法にダウンロードする行為についてどう思っていますか。
- インターネット上での犯罪と言えばどんなことがありますか。
  何か一つ説明してください。

VOCABULARY

- □ フロッピーディスク 플로피 디스크
- □ 圧縮あっしゅく 압축
- □ 解凍かいとう 압축 파일 풀기
- □ コピー 붙이기
- □ ファイル 파일
- □ セーブ 저장
- □ ダウンロード 다운로드
- □ サーバー 서버
- □ ウィルス 바이러스
- □ 初期化しょきか 초기화
- □ バックアップ 백업
- □ アップロード 업로드
- □ 掲示板けいじばん 게시판
- □ ブラウザー 브라우저
- □ プリントアウト 출력
- □ クリック 클릭

- □ インターネットカフェ PC방
- □ ブログ 블로그
- □ ホームページ 홈페이지
- □ 検索けんさく 검색
- □ 制限せいげん 제한
- □ 出会であい系けいサイト 애인이나 친구를 찾기 위한 사이트

- □ 公式こうしきサイト 공식 사이트
- □ アダルトサイト 성인 사이트
- □ チャット 채팅
- □ アバター 아바타
- □ ニックネーム 닉네임
- □ 個人情報こじんじょうほう 개인 정보
- □ パスワード 패스워드
- □ オークション 옥션
- □ ハッカー 해커
- □ インターネットショッピング 인터넷 쇼핑

- □ 受信じゅしん 수신
- □ 発信はっしん 발신
- □ 登録とうろく 등록
- □ 削除さくじょ 삭제
- □ モバイル 모바일
- □ 接続せつぞく 접속
- □ 遮断しゃだん 차단
- □ 添付てんぷ 첨부
- □ 返信へんしん 반신
- □ 返事へんじ 답장
- □ アクセス 액세스
- □ 閲覧えつらん 열람

KANJI

寸法	すんぽう 치수	呼ぶ	よぶ 부르다
染まる	そまる 물들다	防ぐ	ふせぐ 예방하다, 막다
翌日	よくじつ 다음날	導く	みちびく 인도하다
罪	つみ 죄	燃やす	もやす 불에 태우다
貝	かい 조개	移る	うつる 옮기다
頂	いただき 정상, 꼭대기	迷子	まいご 미아
田舎	いなか 시골	八百屋	やおや 야채 가게, 야채 장수
卵	たまご 달걀	朗読	ろうどく 낭독
栄える	さかえる 번영하다	宝船	たからぶね 보물선
断る	ことわる 거절하다	病む	やむ 앓다
豊か	ゆたか 풍부함	経る	へる 경과하다, 겪다
災い	わざわい 화, 재난, 재해	細工	さいく 세공
仏	ほとけ 부처	保つ	たもつ 유지하다

LESSON

학습목표
직업에 관해 이야기하기

20

職業

주요문형 1 将来どんな職に就きたいと思ってる？

주요문형 2 刑事って冗談抜きで超大変だって言うじゃない。

주요문형 3 一日中歩きっぱなしだってよ。

주요문형 4 困っている人を見ると助けずにはいられない。

주요문형 5 スジンの勘って鋭いね。

주요문형 6 道理でかっこいいことばっかり言ってると思った。

DIALOGUE

mp3 77

スジン：マサトは将来どんな職に就きたいと思ってる？

マサト：僕は絶対デカになろうと思ってるんだ。
公務員だし、魅力的じゃん。

スジン：でも、デカって冗談抜きで超大変だって言うじゃない。
何か事件起こったら聞き込み捜査だ何だって
一日中歩きっぱなしだってよ。

マサト：でも正義の味方って感じでかっこいいし、僕って困って
いる人を見ると助けずにはいられないタイプなんだ。

スジン：マサト。それ、もしかして刑事ドラマの
影響なんじゃないの？

マサト：え？ どうしてわかったの？
スジンの勘って鋭いね。

スジン：道理でかっこいいこと
ばっかり言ってると思った。

단어　デカ '형사'의 은어 | 魅力的みりょくてき 매력적 | 刑事けいじ 형사 | 聞きき込こみ捜査そうさ 탐문 수사 | 正義せいぎの味方みかた 정의의 편 | 鋭するどい 날카롭다

PHRASE

1 職(しょく)に就(つ)く

취직하다

cf) 就職(しゅうしょく) 취직

2 かっこいい

원래는「恰好(かっこう)がいい」인데, 이제는 하나의 연어(連語)로서 쓰인다. 따라서 조심해야 할 것은 부정형으로 바꿀 때「いい」가 '좋다'의「いい」이기 때문에, 부정형은「よくない」로 바뀌는 점에 주의해야 한다.

예 かっこよくない (부정)

かっこよかった (과거)

3 勘(かん)

직감

예 勘がするどい 직감이 날카롭다

勘でわかる 눈치로 알다

勘がいい 눈치가 빠르다

4 道理(どうり)で

속으로 의심스럽게 생각했던 것에 대한 원인이나 이유가 판명된 것에 대한 납득을 암시하는 말로, '어쩐지, 그래서'의 뜻이다.

예 今日は祝日だったのか。道理で道路がすいていると思ったよ。

これってイミテーションだったの？ 道理で安いと思った。

SENTENCE

～抜ぬき	～뺌
～っぱなし	～한 채
～ずにはいられない	～하지 않고서는 있을 수 없다

■～抜き

・朝抜きで会社に行く人が多くなっている。
・彼を抜きにしてはこの研究は成功しないだろう。
・このフライドチキンは骨抜きだ。

■～っぱなし

・うちの子は服も脱ぎっぱなしにして外に遊びに行ってしまった。
・ドアが開けっぱなしになっている。どろぼうが入ったら大変だ。
・コンピューターが付けっぱなしだ。

■～ずにはいられない

・「ホタルの墓」というアニメはあまりにも悲しくて泣かずにはいられません。
・私は田中さんを愛さずにはいられません。
・あまりにも悔しくて一言言わずにはいられませんでした。

단어　研究けんきゅう 연구 | 骨ほね 뼈 | ホタル 반딧불이 | 墓はか 무덤, 묘 | 悔くやしい 분하다 | 一言ひとこと 한마디

EXERCISE

mp3 78

1

A: あなたはお寿司を食べる時、サビ抜きで食べますか。

B: はい、私はサビ抜きで食べます。

1. パンを食べる、バター
2. コーヒーを飲む、クリーム
3. 朝から仕事をする、朝ご飯

mp3 79

2

A: うちの主人はご飯を食べた後いつも食べっぱなしなんです。

1. 鈴木さん、お金を借りたらいつも借りる
2. うちの母、商売のため一日中立つ
3. うちの娘、歯を磨く時いつも水を出す

mp3 80

3

A: もう春なのにまだ寒いからジャンバーを着ずにはいられませんよ。

1. 体の不自由なおばあさんが階段を降りるのは危ない、
   助ける
2. 自分の言った言葉で相手を傷つけてしまう、気にする
3. 捨てられたネコがかわいそうだ、面倒を見る

단어 サビ 와사비의 축약형 | 商売しょうばい 장사 | 歯はを磨みがく 이를 닦다 | 体からだが不自由ふじゆうだ 몸이 불편하다 | 傷きずつける 기분을 상하게 하다 | 気きにする 걱정하다, 신경 쓰다 | かわいそうだ 불쌍하다 | 面倒めんどうを見みる 돌봐 주다

FREE TALKING

다음 질문을 하고 상대방의 대답을 적어 보세요.

- あなたは将来どんな職業を持ちたいと思っていますか。
  それはどうしてですか。

- 最近はどんな職業が人気がありますか。
  その理由はなんですか。

- 韓国ではお金をたくさん稼げる職業は何ですか。
  また、そういう仕事をする場合どんなことが大変だと思いますか。

- 男しかできない職業、女しかできない職業があると思いますか。
  あるとすればどんな職業でしょうか。

- あなたはこの職業だけは絶対にできないとかしたくない職業がありますか。
  それはどうしてですか。

- あなたがもしお店を持つならどんなお店を持ちたいですか。
  その理由も説明してください。

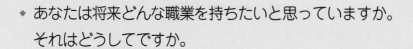

VOCABULARY

- □ サラリーマン　샐러리맨
- □ セールスマン　세일즈맨
- □ 芸術家げいじゅつか　예술가
- □ 作家さっか　작가
- □ 詩人しじん　시인
- □ 小説家しょうせつか　소설가
- □ 音楽家おんがくか　음악가
- □ 画家がか　화가
- □ 声楽家せいがくか　성악가
- □ ピアニスト　피아니스트
- □ 芸能人げいのうじん　연예인
- □ 歌手かしゅ　가수
- □ ダンサー　댄서
- □ コックさん　요리사
- □ 運転手うんてんしゅ　운전수
- □ 家政婦かせいふ　가정부
- □ 技工士ぎこうし　기공사
- □ 左官さかん　미장이
- □ 漁師りょうし　어부
- □ 大工だいく　목수
- □ 猟師りょうし　사냥꾼
- □ アナウンサー　아나운서
- □ キャスター　캐스터
- □ 歯医者はいしゃ　치과 의사
- □ 医者いしゃ　의사
- □ 看護婦かんごふ　간호사
- □ 駅員えきいん　역무원
- □ 議員ぎいん　의원
- □ 公務員こうむいん　공무원
- □ 外交官がいこうかん　외교관
- □ 政治家せいじか　정치인
- □ 検事けんじ　검사
- □ 判事はんじ　판사
- □ 警察官けいさつかん　경찰관
- □ 軍人ぐんじん　군인
- □ 刑事けいじ　형사
- □ 弁護士べんごし　변호사
- □ 建築士けんちくし　건축사
- □ 教授きょうじゅ　교수
- □ 教師きょうし　교사
- □ 講師こうし　강사
- □ 駐在員ちゅうざいいん　주재원
- □ 評論家ひょうろんか　평론가
- □ ジャーナリスト　저널리스트
- □ パイロット　파일럿
- □ スチュワーデス　스튜어디스
- □ 転職てんしょく　전직. 일을 바꿈
- □ 無職むしょく　무직

KANJI

似合う	にあう 어울리다	面積	めんせき 면적
兵士	へいし 병사	残暑	ざんしょ 늦더위
軍隊	ぐんたい 군대	坂道	さかみち 비탈길
余分	よぶん 여분	屋根	やね 지붕
汽車	きしゃ 기차	後始末	あとしまつ 뒤처리
客船	きゃくせん 객선	否定形	ひていけい 부정형
財産	ざいさん 재산	木魚	もくぎょ 목탁
眼科	がんか 안과	祖先	そせん 선조, 조상
養蚕	ようさん 양잠	絹	きぬ 명주실
落第	らくだい 낙제	悪天候	あくてんこう 악천후
起床	きしょう 기상	歩道橋	ほどうきょう 육교
校舎	こうしゃ 교사(학교 건물)	油断	ゆだん 방심
精力	せいりょく 정력	軍隊	ぐんたい 군대